Worauf es wirklich ankommt – im Leben!

Nachhaltigkeit bedeutet die Wahl von Lebens- und Wirtschaftsweisen, die sicherstellen, dass auch spätere Generationen noch über intakte Lebensgrundlagen zur Befriedigung ihrer Bedürfnisse verfügen. Und die es ernst meinen, fügen hinzu: Die Wahl von Lebens- und Wirtschaftsweisen, die von allen ErdenbürgerInnen beansprucht werden können, ohne das ökologische Gleichgewicht der Erde dauerhaft zu zerstören.

Die folgenden 25 Vorschläge für einen verantwortungsvollen Lebensstil sind diesem doppelten Anspruch verpflichtet. Sie versuchen aber deutlich zu machen, dass ein ökologischer Lebensstil nicht Verzicht bedeuten muss, sondern einen Zugewinn an Lebensqualität darstellen kann. Es geht ganz einfach um die Frage, worauf es wirklich ankommt – im Leben. Die Vorschläge zeigen auch, dass einzelne isolierte Schritte noch kein nachhaltiges Verhalten ausmachen. Vielmehr ist eine ganzheitliche Veränderung des eigenen Lebensstils gefordert. Oder – systemisch gesprochen – der Blick auf die Summe *aller* Spuren, die ich durch mein Leben hinterlasse.

Wer beispielsweise sein Haus besser gegen Kälte isoliert, leistet einen Beitrag zur Verringerung des Energieverbrauchs und spart zugleich Kosten. Werden die ersparten Mittel aber etwa für noch mehr Fernreisen ausgegeben, so ist das ökologisch kontraproduktiv. Ein anderes Beispiel: Müll trennen ist sinnvoll. Sinnvoller ist aber, ihn gar nicht entstehen zu lassen und generell unseren Ressourcenverbrauch zu verringern. Der Einsatz für Umwelt- und Naturschutz allein greift ebenfalls zu kurz, wenn ich mich nicht zugleich für mehr soziale Gerechtigkeit einsetze. Erst wenn ich Nachhaltigkeit in einem umfassenden Sinn zu meiner „Lebensphilosophie" mache, wird mein Verhalten wirkmächtig.

Menschen, die nachhaltig(er) leben, sind gelebtes Vorbild und (hoffentlich) ansteckendes Beispiel dafür, dass es auch anders geht. Letztlich muss es aber – das wissen wir aus der Spieltheorie - gelingen, dass wir uns als Gesellschaft insgesamt neue ökologische und soziale Regeln „geben", an die sich alle halten (müssen). Diese in einem demokratischen Prozess auszuhandeln, ist das Gebot für das 21. Jahrhundert. VorreiterInnen, die nicht nur von Nachhaltigkeit reden, sondern diese auch leben, spielen dabei eine sehr wichtige Rolle.

Die beschriebenen Vorschläge umfassen die Bereiche *„Ernährung und Landwirtschaft"* (Tipp 1-9), *„Kleidung"* (Tipp 10-11), „Bauen und Wohnen" (Tipp 12-18), *„Mobilität"* (Tipp 18-20), *„Güterwohlstand"* (Tipp 22-23), *„Nord-Süd-Solidarität und Reisen"* (Tipp 23-24) sowie *„Nachhaltig arbeiten"* (Tipp 25).

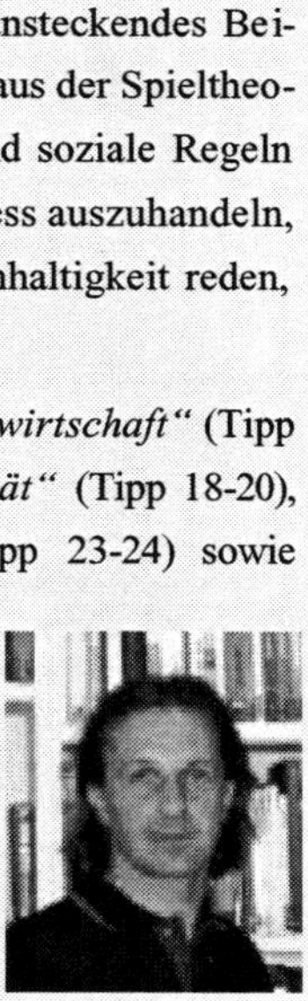

Vorarbeiten zu dieser Broschüre wurden von der Abteilung für Umweltschutz des Landes Salzburg gefördert. Dieser sowie dem Bundesministerium für Land- und Forstwirtschaft, Umwelt und Wasserwirtschaft gebührt mein Dank für die Unterstützung der Publikation mit Druckkostenbeiträgen.

Hans Holzinger

Die Deutsche Bibliothek – CIP-Einheitsaufnahme
Hans Holzinger: **Nachhaltig leben.** 25 Vorschläge für einen verantwortungsvollen Lebensstil.
Salzburg: JBZ-Verl., 2002. 72 S.
ISBN 3-9501181-1-X

Umschlaggestaltung, Fotos und Satz: Hans Holzinger
Druck: Books on Demand GmbH

Zum Verfasser: Mag. Hans Holzinger ist wissenschaftlicher Mitarbeiter der Robert-Jungk-Bibliothek für Zukunftsfragen (JBZ), Redakteur der Zeitschrift *„Pro Zukunft"*, Herausgeber des Buches „Nachhaltig – aber wie. Wege zur Zukunftsfähigkeit", Moderator von Zukunftswerkstätten. Themenschwerpunkte: Nachhaltigkeit, zukunftsfähiger Wohlstand, neue Arbeitsmodelle.

Erstellt und gedruckt mit freundlicher Unterstützung der Abteilung für Umweltschutz des Landes Salzburg sowie des Bundesministeriums für Land- und Forstwirtschaft, Umwelt und Wasserwirtschaft.

Übersicht

TIPP 1: Wohldosierte Wochenmenüs

Achten Sie auf abwechslungsreiche Ernährung mit weniger Fleisch und viel Obst und Gemüse aus der Region. Sie helfen damit ihrer Gesundheit und zugleich Energie sparen.

Umweltschutz heißt nicht, dass wir die Umwelt *vor* uns zu schützen hätten - sozusagen als etwas außerhalb von uns Liegendes, sondern bedeutet den Schutz *unserer* Lebensgrundlagen. Zu einem nachhaltigen Leben gehört daher wesentlich auch die Sorge um unsere Gesundheit. Diese hat viel mit einer sinnvollen Ernährung zu tun.

Die ***Ernährungsgewohnheiten*** in Europa haben sich in den letzten 200 Jahren stark geändert. Der Getreidekonsum ist auf unter 30 Prozent, der Konsum von Ballaststoffen auf unter 25 Prozent des Niveaus um 1800 gesunken. Das heißt, in den Mahlzeiten unserer Vorfahren waren Getreide, Kartoffel und andere pflanzliche Produkte ein viel bedeutender Nahrungsbestandteil als in unseren heutigen Menüs.

Mit dem Rückgang pflanzlicher Nahrung eng verbunden ist jener des Anteils von ***Kohlehydraten*** in unserer Ernährung. Dieser sank von damals 80 auf heute 45 Prozent der Gesamtenergiezufuhr. Drastisch angestiegen ist hingegen die Verwendung von isoliertem Zucker (11 Prozent) sowie von Fetten (36 Prozent der Gesamtenergiezufuhr). Der Anteil von ***tierischem Eiweiß*** ist in den letzten 200 Jahren von unter 20 Prozent auf über 65 Prozent geklettert. Der Verzehr ballaststoffloser Lebensmittel stieg auf das Fünffache, Alkohol macht etwa 5 Prozent der Gesamtenergiezufuhr aus. Unsere Nahrung ist generell zu fett, zu salzig und zu süß; oft mangelt es ihr an Vitaminen und Mineralstoffen.[1]

Rückgang pflanzlicher Nahrung aus Obst und Gemüse.

Die Auswirkungen sind bekannt: Wir leiden nicht mehr an Hunger, sondern an ***Fehlernährung***. Die Folge sind ernährungsbedingte Erkrankungen wie Diabetes, Gicht, Arteriosklerose, Herzinfarkte und Schlaganfälle sowie Magengeschwüre. Manche gehen sogar davon aus, dass bis zu 50 Prozent der Bevölkerung aller Industriestaaten übergewichtig sind.[2]

Ein hoher ***Fett- und Zuckerkonsum*** verknüpft mit nur geringem Verzehr von Gemüse und frischem Obst wird etwa mit der Entstehung von ***Arteriosklerose*** in Verbindung gebracht. Besonders betroffen davon sind Männer über 30 Jahren. Die Folge: Herzinfarkt und möglicher früher Tod. Ein Lebensmittelreport über Österreich weist aus, dass der Jahres-Pro-Kopf-Fleischverbrauch der ÖsterreicherInnen mit knapp unter 100 Kilogramm über dem EU-Durchschnitt liegt. (1998: 97,8 kg, 1999: 99,4 kg; 1960 waren es erst 62 kg).[3] Zu bedenken ist, dass in diese Durchschnittswerte auch die etwa 400.000 VegetarierInnen miteingerechnet sind.[4] Fast 60 Prozent macht der Schweinefleischkonsum aus, gefolgt von Rindfleisch und Geflügel.[5]

Männer verzehren doppelt so viel Fleisch und Wurst wie Frauen.

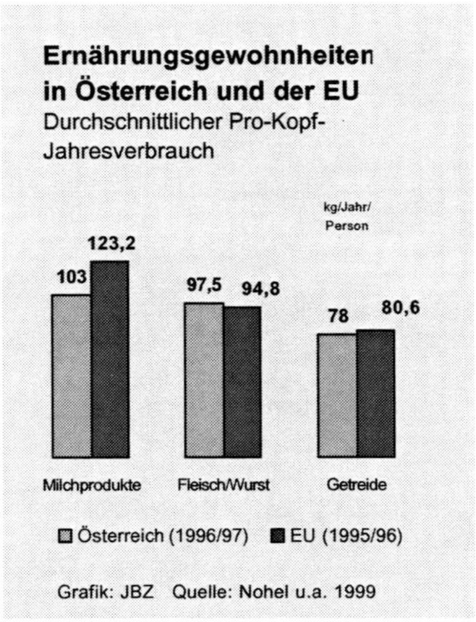

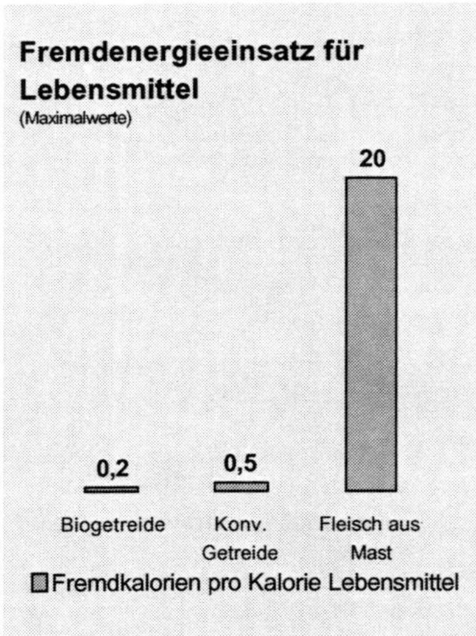

Grafik: JBZ Quelle: Jakubovicz 2000

Fehlernährung bedeutet eine massive Beeinträchtigung der Lebensqualität und treibt die Gesundheitskosten in die Höhe.

Der Fleischkonsum ist durch BSE zwar kurzfristig zurückgegangen, ob daraus ein Dauertrend wird, ist aber noch offen. Männer verzehren doppelt soviel Fleisch und Wurstwaren wie Frauen. Ein Faktum, welches mit Sicherheit zum erhöhten ***Herzinfarktrisiko*** von Männern beiträgt.[6]

Fehlernährung bedeutet somit massive Beeinträchtigungen im Wohlbefinden und treibt die Gesundheitskosten weiter in die Höhe. In Österreich lagen einer Studie aus dem Jahr 1994 zufolge die Kosten für ernährungsbezogene Krankheiten zu Beginn der 90er Jahre bei ca. 870 Millionen Euro jährlich, das macht 14 Prozent der gesamten Gesundheitsausgaben aus. Ein Trend, der so ist zu befürchten -, fortdauert.[7]

Ein Fleischlaibchen verursacht ca. 14 Mal so viel CO_2-Emmissionen wie ein Gemüselaibchen

Der hohe Fleischverbrauch in allen OECD-Staaten hängt eng mit der industrialisierten Landwirtschaft zusammen und schlägt nicht nur negativ auf die Gesundheit zu Buche, sondern ist auch ökologisch wenig nachhaltig. Er führt zu einem hohen ***Energieverbrauch*** in der Landwirtschaft und Fleischverarbeitung sowie zu einer generellen Überbeanspruchung von Umweltraum *(s. Tipp 2)*. Während bei Getreideprodukten pro Nahrungsmittelkalorie bis zu 0,5 Kalorien Fremdenergie benötigt werden (bei Bio-Getreideanbau ohne Dünger und Spritzmittel sind es sogar nur bis zu 0,2 Kalorien), werden für Fleisch aus Kraftfuttermast 10 bis 20 Kalorien Fremdenergie (Düngemittel, Treibstoff, Futtermittel usw.) „verbraucht".[8]

Massentierhaltung und hoher Fleischverzehr haben auch direkte Auswirkungen auf den Treibhauseffekt. 85 Prozent der landwirtschaftlichen ***CO_2-Emissionen*** entstehen bei der Erzeugung von tierischen Nahrungsmitteln. Im Fleisch steckt die meiste fossile Energie, da für die Herstellung von 1 Kilogramm Fleisch vorher viele Kilogramm Tierfutter hergestellt werden müssen und außerdem zusätzliche Transport- und Verarbeitungsschritte anfallen. Isst man ein Fleischlaibchen, wird ca. 14 Mal soviel CO_2 emittiert wie beim Verzehr eines Getreidelaibchens. Aber auch Tierhaltung nach ökologischen Kriterien würde eine Energieersparnis von 30 bis 75 Prozent pro Kilogramm Fleisch gegenüber der derzeitigen Intensivtierhaltung mit sich bringen.[9]

In der ***BRD*** werden etwa 80 Prozent der pflanzlichen Produktion als Futtermittel zur Fleischerzeugung und in der

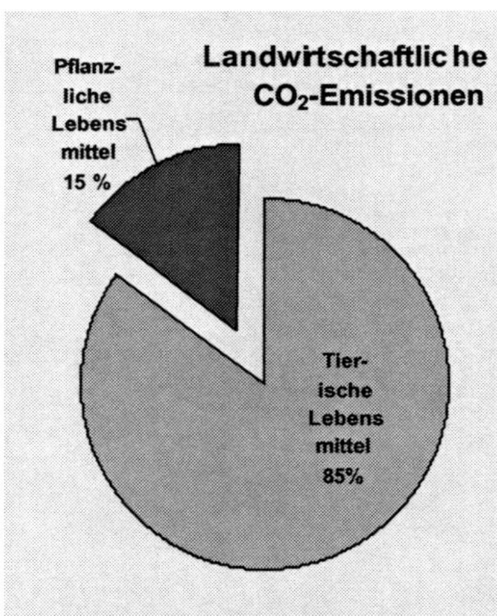

Grafik: JBZ Quelle: Salmhofer u.a. 2000

Milchwirtschaft verwendet. Das Deutsche Bundesamt in Berlin sieht daher in der Reduzierung des Fleischkonsums den effizientesten Weg, die Intensivlandwirtschaft und den damit verbundenen Stickstoffüberschuss in Böden und Gewässern zu verringern. Nur so werde auch eine vollständige Umstellung der Landwirtschaft auf ökologischen Landbau mö glich.[10]

Lebensmittelskandale *(s. Tipp 3 und 4)* sowie die regelmäßig wiederkehrenden Warnungen der MedizinerInnen vor ernährungsbedingten Krankheiten haben zu mehr Sensibilisierung in Sachen Ernährung geführt. Aber auch zu mehr Verunsicherung, die von der ***Lebensmittelindustrie*** erneut ausgenützt wird. Denn auch diese ist längst auf den Gesundheitszug aufgesprungen und bietet vielerlei Vitaminpräparate, Schlankmacher und andere ***Wundermittel*** an, die vital und gesund halten sollen. „Functional Food" heißt dies in der Fachsprache: Essen wird durch „Gesundmacher"-Präparate ersetzt. Doch häufig steckt dahinter viel Geschäft und wenig Wirkung.[11]

Seriöse ErnährungswissenschaftlerInnen raten immer zu den natürlichen Lebensmitteln und verweisen auf die ausgeglichene, „gesunde" Mischung. Ihr „Zauberwort" heißt Ausgewogenheit, also das Finden des richtigen Maßes und der gesunden Abwechslung.

Nachhaltige Ernährung muss daher nicht einen generellen Verzicht auf Fleisch bedeuten (so sehr ich VegetariererInnen meinen Respekt zolle), erfordert aber seine Verringerung zugunsten pflanzlicher Nahrungsmittel, insbesondere viel frischem Gemüse und Obst – am besten aus der Region. Dafür kann auf wirkliche Qualität geachtet werden, ohne in Summe mehr ausgeben zu müssen *(s. Tipp 3)*. Am sichersten geht man natürlich bei Biofleisch *(s. Tipp 9)*.

Empfehlungen der Ernährungswissenschaft

Milch/Milchprodukte: Täglich 1/4 l Milch und 2 Scheiben Käse
Fleisch/Wurst: Höchstens 2-3 mal pro Woche, 1 Portion Fleisch (max. 150 g) nicht jeden Tag Wurst, alle 2-3 Wochen eine Portion Innereien (max. 150 g)
Seefisch: Wöchentlich 1-2 Portionen Seefisch (à 150 g)
Eier: Wöchentlich bis zu 3 Stück
Brot, Vollkornreis oder -nudeln, Getreidekörner und -flocken: Täglich 5-7 Scheiben Brot (ca. 200-300 g) und 1 Portion Reis, Nudeln (roh. ca. 75-90 g, gekocht 150-200 g) oder Kartoffeln (ca. 250-300 g = 4-5 mittelgroße Kartoffeln)
Gemüse/Salat: Täglich mindestens 1 Portion Gemüse (ca. 200 g) und 1 Portion Salat (ca. 75 g)
Obst: Täglich mindestens 1 Stück oder 1 Portion Obst (ca. 150 g)
Fette: Täglich höchstens 40 g Streich- oder Kochfett, z. B. 2 Esslöffel Butter oder Margarine und 1 Esslöffel hochwertiges Pflanzenöl
Getränke: Täglich 1,5 l Flüssigkeit (z. B. Wasser, Tee, verdünnte Obstsäfte, Gemüsesäfte)

Quelle: Dt. Gesellschaft für Ernährung 1995, zit. n. Nohel u.a. S. 148 (s. Anm. 3)

Vorbildlicher Speiseplan

Generell trägt man aber mit der Reduzierung des Fleischanteils in seinem Wochenmenüplan zur Verringerung der Massentierhaltung mit allen ihren negativen Folgen für die Umwelt bei und tut dabei sehr viel für die eigene Gesundheit.

---

[1] Sabine Ferenschild u.a.: Weltkursbuch - Globale Auswirkungen eines „zukunftsfähigen Deutschlands". Berlin: Birkhäuser, 1997. S. 52
[2] Globalisierung in der Speisekammer. Auf der Suche nach einer nachhaltigen Ernährung. Hrsg. Öko-Institut e.V., Freiburg, 1999. S. 73
[3] Nach Christian Nohel u.a.: Lebensmittelreport. Verl. Holzhausen, 1999. S. 30
[4] Vgl. Melanie Sopper u.a.: Wie viel Fleisch verträgt die Welt? In: Sustainable Austria 13, Sept. 2000, S. 5
[5] Nach Österreichs Land- und Forstwirtschaft, Umwelt und Wasserwirtschaft 2000. Hg. v. BMLFUW
[6] Nach Christian Nohel u.a. (Anm. 3), S. 58.
[7] Zit. n. Nohel u.a. (s. Anm. 3) S. 50. Andere Berechnungen gehen gar davon aus, dass die ernährungsbedingten Krankheiten in Österreich jährlich 7 Mrd. kosten (SN 10.7.02)
[8] Zit. n. Dan Jakubovicz: Genuss und Nachhaltigkeit. Wien: Promedia, 2000. S. 36
[9] Zit. n. Jakubovicz (s. Anm. 8) S. 37
[10] Umweltbundesamt: Nachhaltiges Deutschland. Wege zu einer dauerhaft umweltgerechten Entwicklung. Schmidt: Berlin, 1998.
[11] Vgl. etwa Marcus Brian: Essen auf Rezept. Wie Functional Food unsere Ernährung verändert. (Hirzel, 2000), der gut verständlich durch das Dickicht der angebotenen „Gesundmacher" und Ernährungslügen führt.

TIPP 2: Umweltraum für Ernährung

Mit der Reduzierung ihres Fleischkonsums können Sie einen Beitrag zur Verringerung des Hungers in der Welt leisten.

4 Quadratmeter Umweltraum für jeden Erdenbürger und jede Erdenbürgerin.

Massentierhaltung und industrialisierte Landwirtschaft sind auf den Zukauf von Kraftfutter aus den Ländern des Südens angewiesen. Ein Beispiel: Durch den Import von Sojamehl für unsere Schweine besetzen wir wertvolles fruchtbares Ackerland in der „Dritten Welt“, wir fördern Monokulturen, die regionale Selbstversorgungsstrukturen zerstören und die Böden auslaugen.

Würde man das weltweit verfügbare Ackerland gleichmäßig auf alle Menschen der Erde aufteilen, so kämen auf jeden Erdenbewohner 1500 Quadratmeter bzw. ein täglicher ***„Umweltraum“*** von 4 Quadratmetern. Das reicht für ca. 12 Kilogramm Erdäpfel am Tag. Oder 9 Kilogramm Gemüse. Oder gar 20 Kilogramm Bananen. So viel können wir gar nicht essen.[1]

Warum müssen dennoch Menschen hungern? Die ***Zahl der Unterernährten*** wird von der Welternährungsorganisation FAO auf heute 800 Millionen geschätzt und sie wird bis 2010 lediglich auf ungefähr 650 Millionen zurückgehen. Der Skandal des Hungers begleitet uns also im neuen Jahrtausend.[2]

Ein Österreicher verzehrt durchschnittlich über 90 Kilogramm Fleisch pro Jahr, ein Inder nur 2 Kilogramm.

Hunger ist kein Problem der Knappheit, sondern eines der ***ungerechten Verteilung*** sowie der ***unterschiedlichen Ernährungsgewohnheiten*** (bzw. -möglichkeiten). Nie zuvor, so stellt die FAO fest, waren Lebensmittel in solchem Überfluss vorhanden wie heute. Jeder der fast sechs Milliarden Menschen könnte mit 2.700 Kilokalorien täglich versorgt werden. Dabei würde es reichen, wenn die 225 reichsten Menschen der Welt gerade einmal vier Prozent ihres Vermögens abträten. Diese Summe würde laut UNDP-Bericht 1998 benötigt, um den ***Grundbedarf an Nahrung, Trinkwasser, Bildung und Gesundheit*** weltweit zu sichern. 13 Milliarden Dollar würde diese Grundsicherung kosten - genauso viel, wie die Bevölkerung der USA und Europa für Parfüm ausgibt.[3]

Neben der ungleich verteilten Kaufkraft tragen aber auch die ressourcenintensiven ***Ernährungsgewohnheiten*** der Wohlstandsländer zum Hunger bei. Pro Tag verbraucht die Menschheit insgesamt 2,4 Millionen Tonnen Getreide, je eine Million Tonnen Obst und Gemüse, mehr als eine halbe Million Tonnen Fleisch und 200 000 Tonnen Fisch und Meeresfrüchte.[4] Weltweit werden 85 Prozent der Nahrungsenergie derzeit noch durch ***pflanzliche Lebensmittel*** gedeckt, insbesondere durch Getreidearten wie Reis, Weizen, Mais und Hirse, die mehr als die Hälfte der Nahrungsenergie liefern, sowie durch Wurzel- und Knollenfrüchte (Kartoffeln, Maniok) und Hülsenfrüchte (Bohnen, Erdnüsse usw.). Pflanzliche Nahrungsmittel sind noch

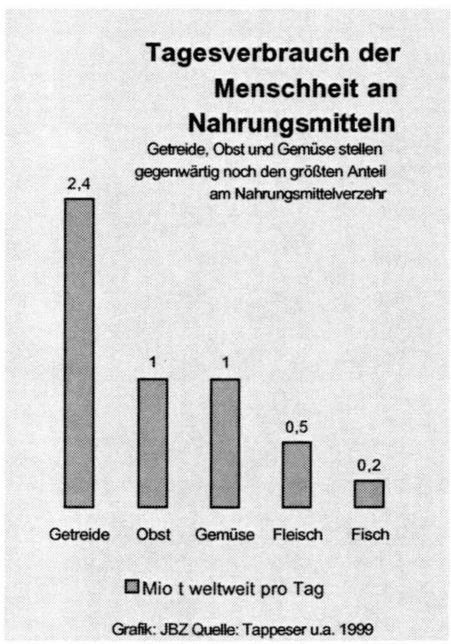

immer der Hauptemährungsbestandteil in den Ländern des Südens.[5]

Der ***Fleischkonsum*** ist also bislang weitgehend ein „Vorrecht" der industrialisierten Länder. Die Weltfleischproduktion hat sich in den letzten 40 Jahren vervierfacht. Bereits 1991 gab es weltweit 173 Millionen Tonnen Fleisch - für jeden Erdenbürger theoretisch 32 Kilogramm. In Wirklichkeit gab es jedoch 112 Kilogramm für jeden US-Amerikaner, 90 Kilogramm für jeden Österreicher und 2 Kilogramm für jeden Inder.[6]

Fleischverzehr ist äußerst **ressourcenintensiv**. Für die Produktion von 1 Kilogramm Rindfleisch sind beispielsweise 10 Kilogramm Getreide erforderlich, das auf Feldern angebaut werden muss. 40 Prozent des Weltgetreides, knapp die Hälfte der Fischfänge (als Fischmehl), 70 Prozent der Ölsaaten und ein Drittel der Milchprodukte wandern durch die Mägen von Kühen, Schweinen und Geflügel. Die Überbeanspruchung von Böden, die Leerung der Fischbestände sowie die Zerstörung regionaler landwirtschaftlicher Strukturen sind die Folge.[7]

Und auch in den ***Ländern des Südens*** ändern sich die Ernährungsgewohnheiten. Nach Prognosen wird sich die Fleischnachfrage in den Entwicklungsländern bis zum Jahre 2020 verdoppeln oder sogar verdreifachen. Schon jetzt wird mehr als ein Drittel der gesamten Getreideproduktion in den Ländern des Südens für Futtermittel eingesetzt. Wenn auch die Landbevölkerung derzeit ihren Bedarf an Nahrungsenergie noch weitgehend über pflanzliche Grundnahrungsmittel deckt, so wirkt sich das Konsumverhalten der Städter zunehmend auch auf ländliche Regionen aus.[8]

Da Tiere im Schnitt nur ein Siebentel der aufgenommenen Nahrungsenergie in körpereigene Substanzen umsetzen (der Rest wird wieder ausgeschieden), hat

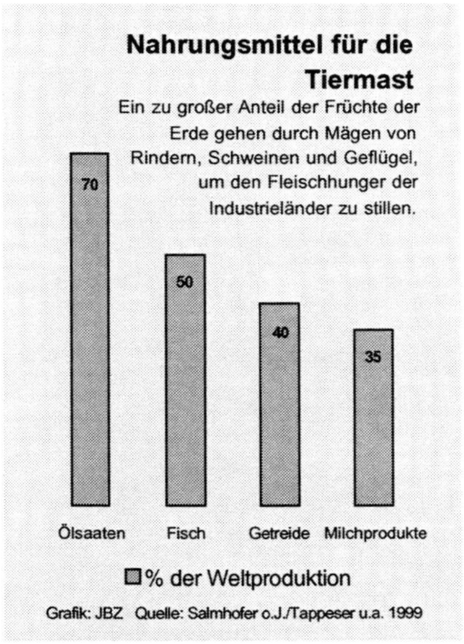

Fleischnahrung einen sehr hohen Flächenverbrauch, dies gilt auch für den Flächenverbrauch in den Ländern des Südens. Man spricht hier auch vom ***ökologischen Fußabdruck***, den wir in anderen Ländern hinterlassen.[9]

Beispiel Soja: In Brasilien werden 18 Prozent des Ackerlandes für den Sojaanbau verwendet - der Ackerboden, der 40 Millionen BrasilianerInnen mit Nahrung versorgen könnte, liefert nun das Futter für 40 Millionen Mastschweine in Ländern des Nordens.[10] Das Problem: Anstatt Nahrungsmittel für die eigene Bevölkerung zu produzieren, werden Futtermittel für die industrialisierte Landwirtschaft in den Wohlstandsländern angebaut. In Manaus, der Hauptstadt Amazoniens, wurde mit Unterstützung der EU ein 750 Millionen Euro teurer „Soja-Hafen" eröffnet. Über 50 Prozent der Futtermittel der EU-Länder werden importiert, um den wachsenden „Bedarf" zu decken. Dafür beanspruchen wir Europäer in der „Dritten Welt" über 150.000 Quadratkilometer wertvoller landwirtschaftlicher Nutzfläche.[11] Österreich importiert jährlich 450.000 Tonnen Sojaschrot für Mastzwecke, dafür werden in Übersee 2500 Quadratkilometer

40 Prozent der Weltgetreideernte geht durch Mägen von Tieren

Für die Produktion von 1 Kilogramm Rindfleisch sind 10 Kilogramm Getreide nötig.

Fehlernährung: Ernährung besteht aus Makronährstoffen (Kohlehydrate, Eiweiß und Fett) sowie Mikronährstoffen (Vitamine und Mineralstoffe). Erstere bilden die Grundbausteine für das Zellwachstum und liefern die Energie für den Körper. Zweitere sowie Ballaststoffe sind für eine gesunde Ernährung aber ebenso wichtig. Während pflanzliche Nahrung vor allem Energie in Form von Kohlehydraten zur Verfügung stellt, aber auch Ballaststoffe, Eiweiß und in geringen Mengen Fett, bietet Fleisch viel Fett, Eiweiß sowie Cholesterin und einige Mineralstoffe. Obst und Gemüse sind fettarm, aber reich an Mikronährstoffen. Das *Worldwatch Institute* unterscheidet drei Arten der Fehlernährung: *Hunger* bedeutet Kalorien- und Eiweißmangel, also generell zu geringe Nahrungszufuhr; weltweit betroffen sind 1,2 Mrd. Menschen; *unzureichende Versorgung mit Vitaminen und Mineralstoffen*, betroffen: ca. 2 Mrd. Menschen; *Überernährung:* Kalorienüberschuss; betroffen 1,2 Mrd. Menschen. *(Zur Lage der Welt 2000, Fischer, S. 127f)*

An der Getreidebörse in Chicago wird mit darüber entschieden, ob Menschen verhungern.

fruchtbarer Boden „besetzt". Der Sojaanbau ist einer der Gründe für die massive Abholzung des Regenwaldes.[12]

Freilich: Das ***Problem des Hungers*** ist komplex und hat mehrere Ursachen. Die Umstellung unserer Essgewohnheiten spielt dabei aber eine wichtige Rolle. Die gegenwärtige Weltgetreideernte würde ausreichen, um jedem der 6 Mrd. Menschen auf der Erde täglich mit 1 kg Getreide zu versorgen, das entspricht ca. 3000 Kalorien; dazu kommen Hülsenfrüchte, Kartoffel, Nüsse, Gemüse.[13] Neben dem Umstand, dass fast die Hälfte des Weltgetreides an Tiere verfüttert wird, liegt das Problem auch darin, dass Lebensmittel gehandelt werden wie alle anderen Waren auch. Die ***Kaufkraft entscheidet***, wer sich etwas leisten kann. An der Chicagoer Getreidebörse wird mit darüber entschieden, ob Menschen verhungern. Steigen die Preise aufgrund von Spekulation, kann es sein, dass Hungerprogramme gestoppt werden müssen, weil das Geld fehlt.[14]

Aber auch die Zerstörung traditioneller landwirtschaftlichen Strukturen und Anbaumethoden, problematische Besitzverhältnisse und fehlende Landreformen, die Auslaugung der Böden durch industrialisierte Landwirtschaft sowie der zweifelhaft „Zwang" zum Export, um Devisen für die Zahlung von Schulden zu erwirtschaften, tragen zur Prolongierung des Hungers in der Welt bei.

Zu einer ***nachhaltigen Ernährungsweise*** gehört demnach der bewusste Verzicht auf Lebensmittel, die anderen Ländern fruchtbaren Umweltraum wegnehmen. Sich dafür einzusetzen, dass unsere Schweine und Rinder nicht mit importierten Futtermitteln aus Ländern des Südens, etwa Soja- oder Fischmehl, gemästet werden, sensibilisiert für die globalen Zusammenhänge der Welternährungssituation. Die Fleischberge unserer Intensivlandwirtschaft können freilich nur abgebaut werden durch die Rückkehr zu einer artgerechten Tierhaltung und extensiven Landwirtschaft *(s. Tipp 3 und 9).*

---

1 Dan Jakubovicz: Genuss und Nachhaltigkeit. Handbuch zur Veränderung des persönlichen Lebensstils. Wien: Promedia, 2000. S. 33

2 Sabine Ferenschild u.a.: Weltkursbuch - Globale Auswirkungen eines „zukunftsfähigen Deutschlands". Berlin: Birkhäuser, 1997, 42f

3 Quelle: UNDP 1998, zit. n. Öko-Institut e.V.: Globalisierung in der Speisekammer, Bd. 1, 1999, S. 4

4 Beatrix Tappeser u.a.: Die blaue Paprika. Globale Nahrungsmittelproduktion auf dem Prüfstand. Berlin u.a.: Birkhäuser, 1999. S. 32

5 Ferenschild u.a. (Anm. 2) S. 41

6 Melanie Sopper, Christian Salmhofer: Wie viel Fleisch erträgt die Welt? In: Sustainable Austria Nr. 13, Sept. 2000 (Zeitschrift von SOL), S. 5

7 Ebd. S. 6

8 Ferenschild u.a. (Anm. 2) S. 41

9 Jakubovicz (Anm. 1) S. 33f

10 Sopper u.a. (Anm. 6) o. S.

11 Christian Salmhofer, Andreas Strasser: Klimaschützer Bio-Bauer. In : Ernte. Zeitschrift für Ökologie und Landwirtschaft. 1/2000. Wien, S. 20

12 Sopper u.a. (Anm. 6). o. S.

13 Francis Moore Lappé, Anna Lappé: Hoffnungsträger. Ein internationaler Reiseführer zu grünen Initiativen. Riemann-Verl., 2001, S.25

14 Vgl. dazu die ausgezeichnete Analyse von Jean Ziegler: Wie kommt der Hunger in die Welt. München: Bertelsmann, 2000.

TIPP 3: Artgerechte Tierhaltung

Verlangen Sie Fleisch aus artgerechter Tierhaltung. Damit schauen Sie auf Ihre Gesundheit und tun zugleich etwas für den Tierschutz.

Neben den 8 Millionen Menschen leben in Österreich 2,3 Millionen Rinder, davon 700.000 Milchkühe, die 3,4 Millionen Tonnen Milch im Jahr liefern, 3,7 Millionen Schweine und 12 Millionen Hühner. Doch der Trend in der ***Tierhaltung*** ist bedenklich: Immer weniger Landwirte halten immer größere Mengen an Tieren. So ist die Zahl der Rinder- und Schweinebauern in Österreich seit 1960 um 60 bis 70 Prozent zurückgegangen. Während heute etwa 1,8 Millionen Schweine zu durchschnittlich 200 Stück bei 8400 österreichischen Grossbauern im Stall stehen, fallen auf die rund 70.000 Kleinschweinehalter nur mehr etwa über 1 Million Tiere.[1]

Auch wenn Österreich im Vergleich zu anderen EU-Ländern noch immer eine eher kleinbetriebliche Landwirtschaft aufweist, geht der Trend auch hier in Richtung ***Großbetriebe.*** Die Folge sind beengende Unterkünfte in Massenställen, der massive Zukauf von Kraftfutter – zumindest bis zum Aufkommen des BSE-Skandals - nicht immer unbedenklicher Zusammensetzung sowie Hygiene- und Infektionsprobleme. Freilich: Hundertprozentige Gewissheit, ob nichts Bedenkliches verfüttert wird, haben wir auch heute nicht.

Die Zunahme des Fleischverzehrs in den westlichen Industriestaaten ging Hand in Hand mit einer Industrialisierung der Landwirtschaft und der Einführung von ***Massentierhaltung***.

Neben der Zuführung von importiertem Kraftfutter - ab einer gewissen Anzahl an Tieren können die Landwirte diese nicht mehr aus dem Ertrag eigener Futtermittel nähren *(s. Tipp 2)* - und neben ***ethischen Bedenken*** - das Zusammenpferchen von Tieren auf engstem Raum ist Tierquälerei und muss als solche angeprangert werden - führte die Massentierhaltung zu bedeutenden gesundheitlichen Risiken für den Menschen.

Durch Massenproduktion und Massentierhaltung nehmen ***Hygieneprobleme*** als Auslöser von nahrungsbedingten Infektionen zu. Die Zugabe von Hormonen und Präparaten in das Mastfutter hat Auswirkungen auf die menschliche Gesundheit. Wie der „Schweineskandal“ in Österreich Anfang 2001 zeigte, werden sogar illegale Medikamente verabreicht, um das Wachstum zu beschleunigen oder „präventiv“ gegen Risken nichtartgerechter Tierhaltung zu „impfen“. Die bedenkenlose Verfütterung von Tiermehl an Rinder sowie die Verwendung sogenannten Risikomaterials (Knochenmark u.a.) ist mit großer Wahrscheinlichkeit für das Auftreten von BSE verantwortlich (s.u.).

Ernährungsbedingte Krankheiten nehmen zu *(s. a. Tipp 1)* und damit auch die volkswirtschaftlichen Schäden. Die Kosten für lebensmittelbedingte Erkrankungen werden in den USA auf jährlich 22 Mrd. Dollar geschätzt. Teuer sind auch die sich mehrenden Rückholaktionen. Im Juni 1999, als der Skandal um dioxinverseuchte Lebensmittel aus Belgien aufgeflogen war, entstand binnen weniger Tage ein Schaden in Milliardenhöhe.[2] Die Folgekosten der BSE-Krise wurden für Deutschland mit über 800 Millionen Euro, für das kleine Österreich immerhin mit 87 Millionen Euro veranschlagt.[3]

Ernährungsbedingte Krankheiten nehmen zu. Die Folgekosten von Lebensmittelskandalen ebenso.

1,8 Millionen Schweine stehen zu durchschnittlich 200 Stück bei 8400 Grossbauern im Stall.

Das Tiermehlverbot gilt in der EU bis 2002. Rechnet man dann mit dem Vergessen der KonsumentInnen?

Gesundheitsrisiken der Massentierhaltung: Ein Problem der Massentierhaltung stellt(e) das dem Tierfutter beigemengte Tiermehl dar. Die Verfütterung von Tiermehlen an Wiederkäuer (Rinder) ist aufgrund des Bekanntwerdens erster BSE-Fälle in der EU seit 10 Jahren verboten. Die Verfütterung an Schweinen und Hühnern war aber noch immer gängige Praxis. Den pflanzlichen Tierfuttern werden zum einen Fischmehle beigefügt – 1998 wurden 110.000 Tonnen davon nach Österreich importiert. Bis zum generellen Verbot im Zuge der Eskalation der BSE-Krise wurden aber auch ***Tiermehle*** aus Fleischabfällen und Tierkadavern verarbeitet.

In Österreich fallen jährlich zwischen 250.000 und 350.000 Tonnen „tierischer Abfälle" an, in der EU sind es 15 Millionen Tonnen. Bestrebungen, nur mehr ***Schlachtabfälle***, jedoch nicht mehr Tierkadaver einschließlich jener von Hunden und Katzen (!) für Tiermehl zu verwenden, „scheiterten" immer wieder an den hohen „Entsorgungskosten" (Verbrennung) für diese „tierischen Abfälle".[4] Es hat der Zuspitzung der Krise bedurft, um ein generelles Verbot zu erreichen, wenn auch – noch immer – gegen den Widerstand der Futtermittelindustrie, die nun „Fleischmehl-Futter statt Tiermehl" (Trennung von sogenanntem Risikomaterial) verkaufen will.[5] Auch ist das Verbot einstweilen bis 2002 befristet und dann ist Tiermehl für Geflügel und Schweine wieder zugelassen. Dies, obwohl auch in Hühnern die gleichen Prionen (BSE-Erreger) wie in Rindern nachgewiesen wurden. Für ein Dauerverbot hätte es eine qualifizierte Mehrheit des EU-Agrarrates gebraucht, der diese verweigerte.[6]

Die nicht artgerechte Tierhaltung führt aber zu weiteren Problemen. Zunehmend Sorgen bereiten ***multiresistente Bakterien*** in Fleisch, die auf die Praxis der Massentierhaltung zurückgeführt werden. Um Masseninfektionen zu vermeiden, werden ***Antibiotika*** prophylaktisch den Futtermitteln zugesetzt und bei großen Tierbeständen zusätzlich per Injektion verabreicht. Nach einer aktuellen Studie sind lediglich 5 von 45 deutschen Futtermittellieferanten in der Lage, antibiotikafreie Futtermittel anzubieten. Schweden und Finnland haben antibiotische Leistungsförderer für Tiere bereits in den 80er Jahren verboten. Die EU zog Ende 1998 teilweise nach und hat vier Antibiotika verboten. Die vier noch erlaubten Präparate sind jedoch ebenso umstritten. Doch noch es gibt es kein generelles EU-weites Antibiotikaverbot.[7]

Den Daten der europäischen Tierarzneimittelhersteller zufolge entspricht die Menge der Futtermitteln beigemengten ***Antibiotika in der EU-Landwirtschaft*** bereits knapp einem Drittel der in der Humanmedizin verabreichten Präparate. Manche gehen gar davon aus, dass etwa die Hälfte der abgegebenen Antibiotika -

Von heiligen Kühen und dem globalen Rinderwahnsinn

Die „heiligen Kühe" Indiens decken den größten Teil des Bedarfs an Milch und Milchprodukten. Ochsen dienen den 60 Millionen Kleinbauern, deren Land 80 Prozent der indischen Bevölkerung ernährt, als Zugtiere. Zudem produzieren die Rinder Indiens jährlich 700 Millionen Tonnen Mist, der zur Düngung des Bodens und als Brennstoff für die Kochstellen dient.

Zur globalen Fleischkultur: An die 1,3 Mrd. Rinder bevölkern heute die Erde. Sie grasen auf etwa einem Viertel der gesamten Landmasse des Planeten, und die Getreidemenge, die sie zusätzlich verschlingen, würde reichen, um einige hundert Millionen Menschen zu ernähren. Zusammengenommen übersteigt ihr Gewicht das der gesamten Erdbevölkerung. Die Nahrung eines durchschnittlichen Asiaten setzt sich zu drei Viertel aus Getreide zusammen, das sind etwa 150 Kilogramm pro Jahr. Ein Durchschnittsamerikaner kommt auf eine Tonne, 80 Prozent davon gehen aber durch die Mägen von Rindern und anderen Tieren. Jugendliche in den USA verzehren im Schnitt 6,2 Hamburger pro Woche, bei Erwachsenen sind es knapp fünf.
(n. Jeremy Rifkin: Das Imperium der Rinder, Campus 2001)

in Europa werden jährlich an die 10.000 Tonnen, in den USA 25.000 Tonnen verbraucht - an Tiere verabreicht werden.[8]

Die bedenkliche Folge: MedizinerInnen müssen die fortschreitende Unwirksamkeit von Antibiotika in der Behandlung von Menschen beklagen. In Spanien etwa wirkt Penicillin gegen Lungenentzündung kaum mehr.[9] Die Weltgesundheitsorganisation hat in ihrer Jakarta-Deklaration vom Juli 1997 die ansteigenden ***Antibiotikaresistenzen*** zu einem der vordringlichsten Gesundheitsprobleme des kommenden Jahrhunderts erklärt. Neben dem zu großzügigen Einsatz in der Humanmedizin (zu lange Medikamentation und Einsatz sogenannter Breitbandantibiotika, die zu unspezifisch wirken) wird dabei auch der Einsatz als ***Leistungsförderer*** in der Massentierhaltung problematisiert.[10]

Massentierhaltung führt aber auch zu lokalen Problemen wie Geruchsbelästigung für die AnrainerInnen der „Tierfabriken“ und zur Belastung der Böden durch Überdüngung mit Tierfäkalien und Mist.[11]

Tierquälerei bei Transport und Schlachtung: Tiere sind unsere Mitgeschöpfe und haben – unabhängig von den beschriebenen Risiken der Massentierhaltung für den Menschen – ein Eigenrecht. In Fernsehreportagen wurde aufgedeckt, welche Qualen die Schlachttiere während der Transporte quer durch die EU sowie bei der Verschiffung in den Nahen Osten erleiden (verschifft werden Lebendtiere, da so mehr Unterstützungsgelder kassiert werden können).[12] Aber auch in den ***Schlachthöfen*** wird häufig äußerst brutal mit den Tieren umgegangen. Die „modernisierte“ Fleischindustrie und Landwirtschaft hat Tiere zu Produktionsautomaten degradiert – ein Vorgang, der jedweder Ethik Hohn spricht. Aufklärung und Aufdeckung sind hier dringend geboten, damit uns in der Tat der Appetit vergeht.[13]

Durch diverse Lebensmittelskandale verunsicherte und damit auch kritischer gewordene KonsumentInnen haben zu einer größeren Sensibilität insbesondere gegenüber Fleisch aus Massentierhaltung geführt. Diese machte ***neue Marketingstrategien*** erforderlich. So weisen mittlerweile mehrere Lebensmittelketten[14] die Herkunft des Fleisches nach – Angaben, die von der Zusammensetzung des Mastfutters bis hin zur Nennung des Hofes reichen, von dem das Fleisch stammt.

Indem Sie in ihrem Lebensmittelgeschäft Informationen über die ***Herkunft des Fleisches*** verlangen und auf Fleisch aus artgerechter Tierhaltung beharren (am sichersten geht man natürlich bei Bio-Fleisch, *s. Tipp 9),* tragen Sie dazu bei, Lebensmittel wieder ihrer Anonymität zu entreißen und in einen regionalen Bezug zu stellen. Zugleich zeigen Sie, dass Ihnen Tierschutz ein Anliegen ist.

Die Akzeptanz der Tiere als Mitgeschöpfe gebietet eine Abkehr von unserer industrialisierten Fleischkultur.

---

1 Umweltbundesamt: Umweltsituation in Österreich. 5. Umweltkontrollbericht. Wien 1998, S. 337
2 Hans-U. Grimm: Aus Teufels Topf. Die neuen Risiken beim Essen. Stuttgart: Klett-Cotta, 1999, S. 25f
3 Zahlen n. Salzburger Nachrichten v. 22.1.2001 bzw.2.2.2001.
4 Gertraud Leimüller: Die Katze im Frühstücksei. In: Salzburger Nachrichten, 23.7. 1999, S. 3
5 Vgl. „Fleischmehl-Futter statt Tiermehl“, Salzburger Nachrichten 25.1.2001.
6 Nach punkt.um. Monatlicher Umweltinformationsdienst 7-8/2001.
7 Leimüller (Anm. 4), S. 3
8 Grimm (Anm. 2), S. 137
9 Salzburger Nachrichten, 21.1.1999
10 Vgl. den ORF-Radiobeitrag „Antibiotikaresistenzen“ in „Dimensionen - Die Welt der Wissenschaft“ v. 11.1.2000, gekürzt wiedergegeben in: ORF-Nachlese Jänner 2000, S. 58-60.
11 Vgl. Umweltbundesamt 1998 (Anm. 1), S. 337
12 ORF-Auslandsreport, 2000.
13 Vgl. dazu die aufrüttelnde, auch ernährungsgeschichtlich aufschlussreiche Abhandlung von Jeremy Rifkin: Das Imperium der Rinder. Frankfurt, Campus, 2001 (Neuaufl.).
14 Billa und Spar.

TIPP 4: Selber kochen

Kehren Sie zurück zur Kunst des chemiefreien Selber-Kochens und entdecken Sie dabei ein neues Stück Lebensqualität.

150 Millionen Packungen Fertiggerichte im Wert von 4 Mrd. Schilling bzw. 290 Mio. Euro wurden 1997 in Österreich verzehrt. Tendenz steigend.

5 Prozent der Kinder und 2 Prozent der Erwachsenen leiden bereits an Lebensmittelallergien

Die ***Lebensmittelindustrie*** hat das Sortiment an Angeboten in unseren Lebensmittelläden vervielfältigt. Der Chemisierung der Landwirtschaft korrespondiert die der Lebensmittelherstellung. Backmittel, Farbstoffe, Haltbarmacher, Geschmacksverstärker und andere Ingredienzien der Chemieküche sind zum fixen Bestandteil unserer Nahrungserzeugnisse geworden. Udo Pollmer, Leiter des Europäischen Instituts für Lebensmittel- und Ernährungswissenschaftler, hat mit Kollegen ein umfangreiches Lexikon erstellt, das alle (derzeit auffindbaren) künstlichen Zusatzstoffe in Fertiggerichten, Süßigkeiten, Backwaren u.a.m. auflistet und nach Herkunft, Verwendung, Verträglichkeit und Gefahrenpotential beschreibt.[1]

Zugleich steigen aber die ernährungsbedingten Krankheiten *(s. auch Tipp 1)*. ***Lebensmittelallergien*** nehmen rapide zu. 5 Prozent der Kinder und 2 Prozent der Erwachsenen sind davon betroffen, wobei bei einigen bereits geringste Mengen des Allergens ausreichen, um heftige, teilweise lebensbedrohende Reaktionen zu verursachen. Besonders betroffen sind die Beschäftigten in der Lebensmittelindustrie: Hier wird eine Zunahme von Berufskrankheiten, vor allem von Dermatitis (Hautentzündung) festgestellt.[2]

Die vermehrte Beigabe künstlicher Stoffe in Lebensmitteln wird jedoch nicht nur für Allergien, sondern auch für andere Krankheiten verantwortlich gemacht. Besonders bedenklich sind Fehlernährungsstörungen bei ***Kindern***. So soll das sogenannte Zappel-Philipp-Syndrom (Hyperaktivität von Kindern) mit chemisierten Lebensmittel zusammenhängen, wie Untersuchungen in einer Münchner Klinik zeigten.[3] Es ist mittlerweile fast unmöglich, sich völlig chemiefrei zu ernähren. Durch bewusstes Einkaufen kann der Chemieanteil jedoch stark verringert werden. Und dies lässt sich auch den Kindern vermitteln. Weniger Süßigkeiten, dafür mehr Obst, weniger Chips, dafür mehr Aufmerksamkeit usw.

Ein Nahrungssegment, das überhaupt nicht ohne Chemie denkbar wäre, sind ***Fertiggerichte***. Veränderte Lebensstile und Zeitstrukturen, die Zunahme der Singlehaushalte sowie von Doppelbelastungen durch Haushalt und Erwerbsarbeit, die noch immer vornehmlich Frauen treffen, und - mit Sicherheit auch - eine Steigerung der Kaufkraft vieler Haushalte haben unsere Ernährungsgewohnheiten verändert und zu einer starken Nachfrage nach Fertiggerichten geführt. Die Verführung durch eine wachsende Zahl von Angeboten tut frei-

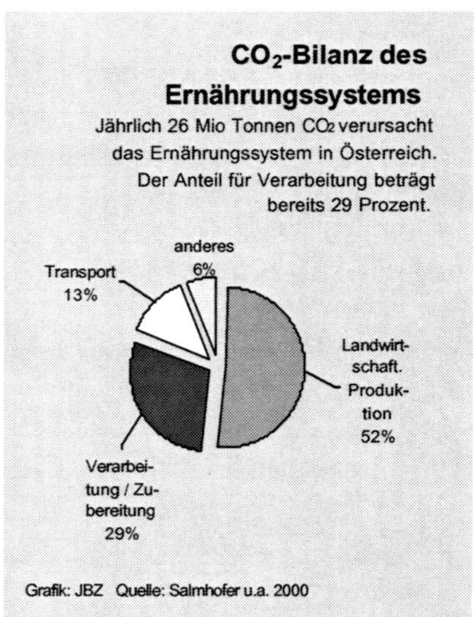

lich das Ihrige dazu. Die Supermärkte sind voll von bunt verpackten Gerichten. Und am Land, wo früher der Bäcker wöchentlich frisches Brot zu den Häusern brachte, wird heute Tiefgekühltes geliefert. Bereits 1997 wurden in Österreich 150 Millionen Packungen Fertiggerichte im Wert von mehr als vier Milliarden Schilling – das entspricht 290 Mio. Euro - gegessen. Tendenz steigend.[4]

Tiefkühlkost und Fertiggerichte sind meist aber nicht nur weniger nährreich als frisch Zubereitetes, sonder auch sehr **energieintensiv** und erhöhen damit den CO_2-Ausstoß. In Summe emittiert das Ernährungssystem inklusive Anbau, Verarbeitung, Vertrieb und Zubereitung in Österreich ca. 26 Millionen Tonnen CO_2. Das entspricht etwa einem Drittel unserer Treibhaus-Emissionen. Neben der landwirtschaftlichen Produktion mit 52 Prozent hat die Zubereitung aufgrund der neuen Ernährungsgewohnheiten (Tiefkühl- und Fertiggerichte, die mittels Mikrowelle zubereitet werden) mit 29 Prozent einen sehr hohen Anteil an der ernährungsbedingten CO_2-Gesamtbelastung. 13 Prozent entfallen auf den Transport.[5] *(s. Grafik)*

Ein wichtiger Beitrag zu einem ***nachhaltigen Ernährungsstil*** ist die Rückkehr zum ***Selber-Kochen***. Einer der Mitautoren des Lexikons über die Chemie in unseren Lebensmitteln, Hans-Ulrich Grimm, behauptet von sich, nur mehr selber zu kochen. Selber-Kochen erfordert jedoch mehr Zeit, die durch die Berufstätigkeit immer weniger vorhanden zu sein scheint. Die Rückkehr zum Selber-Kochen verlangt daher auch nach neuen Zeitstrukturen, die der Zubereitung der Mahlzeiten wieder den ihm gebührenden Stellenwert einräumen. Erforderlich ist das Finden einer richtigen Balance zwischen Erwerbsarbeit und Eigenarbeit, eine Aufteilung der Hausarbeit auf Männer und Frauen (denn die Devise „Frauen zurück an den Herd" kann keine nachhaltige Lösung sein; *s. auch Tipp 25)* so wie eine Einstellung, die im Selber-Kochen einen bewussten Beitrag zu mehr Lebensqualität sieht.

Selber-Kochen erfordert auch das erneute Erlernen der Kunst des Kochens sowie des richtigen Führens eines Haushaltes, das mit Planung, Voraussicht und Übersicht zu tun hat. Frische Produkte, die am besten am Grünmarkt, beim laden um die Ecke oder etwa am Heimweg von der Arbeit zugekauft werden, sind die Würze jedes Gerichtes. Doch kann man viel auch auf Vorrat anschaffen wie Reis, Getreide oder Nudeln. Planung hilft somit Zeit sparen.

Selber-Kochen trägt dazu bei wieder einen Bezug zu dem zu finden, was wir sachlich Ernährung nennen, und sensibilisiert für die Qualität von Lebensmitteln. Selber-Kochen ist wie das Essen mit Stil (statt Fastfood) aber auch ein sehr sinnlicher Teil des Lebens und hilft zugleich Geld zu sparen. Geld, das dann bewusst dafür ausgegeben werden kann, sich ab und zu auch in einem guten Restaurant verwöhnen zu lassen.

Die Rückkehr zum Selber-Kochen verlangt auch nach neuen Zeitstrukturen, die der Zubereitung der Mahlzeiten wieder den ihm gebührenden Stellenwert einräumen.

---

[1] Udo Pollmer u.a.: Vorsicht Geschmack. Was ist drin in Lebensmitteln. Stuttgart (u.a.): Hirzel, 1998.

[2] Globalisierung in der Speisekammer. Auf der Suche nach einer nachhaltigen Ernährung. Hrsg. Öko-Institut e.V. , Freiburg, 1999. Bd. 1, S. 73

[3] Nach Pollmer u.a. (Anm. 1)

[4] Christian Nohel u.a.: Lebensmittelreport. Verl. Holzhausen, 1999.

[5] Christian Salmhofer, Andreas Strasser: Klimaschützer Bio-Bauer. In: Ernte, 1/2000, S. 20.

TIPP 5: Lebensmittel aus der Region

Klinken Sie sich aus der globalisierten Speisekammer aus und achten Sie bewusst auf Regionalität in ihrem Menüplan. Exotika sind dabei die Extra-Würze.

5.180 Lkw-Kilometer werden für ein durchschnittliches Österreich-Frühstück zurückgelegt.

In unseren Supermärkten ist immer Sommer: Äpfel aus Chile, Trauben aus Südafrika, Ananas aus Honduras und Orangensaft aus Brasilien erhält man das ganze Jahr hindurch. Den Preis dafür zahlt nicht der Konsument, sondern der Landarbeiter in der Plantage des Exportlandes, der für einen Hungerlohn arbeitet, und die Umwelt, die mit Pestiziden bei der Herstellung sowie mit Abgasen beim Transport der Produkte belastet wird.

Noch vor hundert Jahren aßen die Menschen überwiegend jene Lebensmittel, die im Blickfeld ihres Kirchturms erzeugt wurden. Dies hat sich drastisch geändert. Durch die ***schnellen Transporte*** (Flugzeug, LKWs) sowie durch ***moderne Kühlsysteme*** sind wir scheinbar von den Jahreszeiten unabhängig geworden. Die niedrigen Energiekosten sowie die billigen Arbeitskräfte in den Ländern des Südens lassen es zu, dass heimische Äpfel und Birnen teurer sind als Bananen aus Übersee, die Tausende Kilometer transportiert wurden, dass Orangensaft aus Brasilien billiger ist als steirischer Apfelsaft.

5.180 Lkw-Kilometer werden nach aktuellen Berechnungen zurückgelegt, um ein durchschnittliches ***„Österreichfrühstück“*** auf die Beine zu stellen. Jeweils 1.200 Kilometer für den Transport des Kaffees oder Tees von einem europäischen Hafen, 450 Kilometer für das Milchpackerl, 350 Kilometer für Salz, je 250 Kilometer für Schinken und Käse, 170 Kilometer für Eier. Die weiteren 60 Kilometer für Zucker, 30 Kilometer für Joghurt und 20 Kilometer für Gebäck sind wahrscheinlich sehr niedrig veranschlagt. Gerechnet wurden die Wege von den Erzeugern zum Supermarkt. Die zentralisierte Logistik aller Lebensmittelketten - meist werden alle Waren von wenigen zentralen Auslieferungslagern an die Filialen verteilt - erklären dabei die großen Wege etwa für Milch, Käse oder Schinken.[1]

International „berühmt“ geworden ist die Untersuchung eines ***deutschen Joghurt***, das 7500 Kilometer zurücklegt, ehe es ins Regal des Supermarkts gelangt. Dabei fallen für die Milch als Basis des Joghurt noch die wenigsten Kilometer an. Doch die Erdbeeren aus Polen waren über 1200 Kilometer gereist, die verwendeten Rohbakterien über 900 Kilometer. Für Verpackung, Steigen, Zwischenablagen aus Pappe oder Kunststoff waren über 2800 Kilometer erforderlich. Das Etikett alleine legte über 1500 Kilometer zurück.[2]

Einschränkend ist freilich anzumerken, dass die genannten Wege nicht extra für jedes Frühstück bzw. - im zweiten Beispiel - für jedes Joghurt zurückgelegt werden[3], die Beispiele zeigen aber dennoch die Transportintensität unserer modernen Lebensmittelversorgung auf. Hinzu kommen überdies die vielen Kilometer, die die Produkte von den Supermärkten zu den Einzelhaushalten „zurücklegen“.

Energieintensität der modernen Landwirtschaft: Aber nicht nur der Transport, sondern auch die Herstellung der Lebensmittel ist immer energieintensiver geworden. Die Erträge der Landwirtschaft sind zwar permanent gestiegen, noch mehr gestiegen ist jedoch der Energieeinsatz für deren Erzeugung.

Obst- und Gemüseverzehr in Österreich: Laut Konsumerhebung 1999/2000 der Statistik Austria werden in Österreichs Haushalten monatlich durchschnittlich 13 Kilogramm Gemüse gekauft. Größten Anklang findet die Kartoffel (6 Kilogramm), die wohl häufig verarbeitet (Pommes Frittes) auf den Tellern landet. Staudengemüse wie Paradeiser, Gurken u.ä. bringen es auf 3 Kilogramm. Großer Beliebtheit erfreuen sich auch Schwammerl (1,7 Kilogramm pro Haushalt) sowie Salate (1,4 Kilogramm pro Haushalt). Auch Obst wird viel verzehrt: es sind durchschnittlich ebenfalls 13 Kilogramm pro Haushalt, wobei Äpfel am beliebtesten sind (2,2 Kilogramm pro Person), gefolgt von Bananen und Zitrusfrüchten (jeweils rund ein Kilogramm pro Person) *(n. www.statistik.at/konsumerhebung/essen).*
An sich weist Österreich einen hohen Selbstversorgungsgrad auf. So werden jährlich über an die 700.00 Tonnen Kartoffel, über 500.000 Tonnen Gemüse und an die 680.000 Tonnen Obst geerntet. Doch der „Anspruch“, alles zu jeder Jahreszeit zu erhalten und der zunehmende Trend zu exotischen Früchten – für Bananen werden jährlich über 1, 2 Milliarden Schilling, für Erdbeeren, Orangen und Weintrauben jeweils über 500 Millionen Schilling ausgegeben – erhöhen auch die Transportkilometer.
(Zahlen nach Österreichs Land- und Forstwirtschaft, Umwelt und Wasserwirtschaft 2000)

Während Kartoffel hinsichtlich des Energieaufwandes einen Mehrertrag im Verhältnis von 1:2 bis 1:10 (biologisch) aufweisen, übersteigt der Energieaufwand bei Gewächshausgemüse im Winter den Kalorienertrag um das bis zu 500-fache.

Heute verbraucht die moderne Landwirtschaft viel mehr Energie, als wir nachher in Kalorienform zu uns nehmen können. So muss bei ***Mastviehhaltung*** auf Intensivkraftfutterbasis das 10 bis 35-fache dessen an Energie aufgewendet werden, was am Ende an Nahrungsenergie herauskommt. Bei ***Intensivmilchwirtschaft*** beträgt das Missverhältnis noch immer 5:1. Fünf Einheiten Energie sind notwendig für die Erzeugung von einer Einheit Nahrungsenergie. Erst bei ***Extensivlandwirtschaft*** (kein Kunstdünger auf den Wiesen, kein Zusatzkraftfutter) kehrt sich das Verhältnis um. Die erzeugten Nahrungskalorien an Fleisch und Milchprodukten übersteigen den eingesetzten Energieaufwand. Ähnlich ist es bei pflanzlichen Erzeugnissen: Während Kartoffel einen Mehrertrag im Verhältnis von 1:2 (konventionell) bis 1:10 (biologisch) aufweisen, übersteigt der Energieaufwand bei Gewächshausgemüse im Winter den Kalorienertrag um das bis zu 500-fache.[4] *(ad Fleisch s. auch Tipp 1)*

Der Energieaufwand für 1 Kilogramm ***holländische Glashaustomaten*** beträgt nach Berechnungen des Wuppertal Instituts 53 Megajoule, fast 80 Prozent der Energie gehen allein für das Heizen der Gewächshäuser drauf. Wenn 1 Kilogramm Tomaten einen Energiegehalt von etwa einem halben Megajoule hat, so bedeutet dies also eine Energievernichtung von einem Faktor 100.[5] Der Energieverbrauch für die ***heimische Freilandtomate*** liegt natürlich bei einem Bruchteil dieses Wertes.

Schlecht ist aber auch die Bilanz einheimischer Glashaustomaten. Nach Berechnungen aus dem Jahr 1993 liegt der Energieaufwand für Sommerinlandtomaten aus Freilandkulturen (Folienhaus, ungeheizt) bei einem Zehntel des Aufwandes von Freilandtomaten, die mit dem LKW aus Portugal nach Österreich transportiert wurden (Verhältnis: 0,68 zu 6,3 MJ/kg Tomaten). Bei österreichischen Frühlings- oder Herbsttomaten aus geheizten Glashäusern kehrt sich das Verhältnis aber um: Der Energieaufwand ist doppelt so hoch wie jener der sonnengereiften Tomaten aus Portugal.[6]

Am energieintensivsten sind freilich ***weitgereiste Lebensmittel aus Übersee***, die mit dem Flugzeug zu uns transportiert werden. Von den Jahreszeiten „unabhängige“ Freilandtomaten von den Kanaren etwa verursachen auf dem Luftweg (das Schiff scheidet wegen der zu langen Anfahrtszeit aus) einen Energieaufwand von 80 MJ pro Kilo Tomate, das Hundertfache der österreichischen

Aus der Lebensmittelapotheke:
Joghurt schützt das Immunsystem besser als ein eigens zu diesem Zweck entwickeltes Medikament, heilt Durchfall schneller als ein medizinisches Präparat und enthält Wirkstoffe, die stärker antibiotisch wirken können als Penicillin.
Scharf gewürzte Speisen (mit Chili, Pfeffer, Meerrettich) wirken gegen erkrankte Atemwege, sie verdünnen die Lungensekrete und schwemmen Reizstoffe aus.
Bananen sind gut gegen Magengeschwüre; sie wirken wie das entsprechende Medikament Carbenoxolon, allerdings ohne dessen Nebenwirkungen.
Bohnen, regelmäßig verzehrt, können manchem Diabetiker einen Teil seiner Insulinspritzen ersparen.
Kirschen beugen Karies vor.
Honig war schon im alten Ägypten als erstklassiges Desinfektionsmittel für Wunden bekannt.
Nach José Lutzenberger, Franz-Theo Gottwald: Ernährung in der Wissensgesellschaft. Frankfurt: Campus, 1999, S. 37.

Über 10 Kilogramm CO_2 gehen auf das Konto von einem Kilogramm Weintrauben aus Südafrika.

und mehr als 10-fache der portugiesischen Freilandtomate.[7] In diesem Sinne können „Wintertomaten" aus der Dose als Beigabe für Spagetti oder Pizza ökologisch verträglicher sein als von weit her gekarrte Frischtomaten.

Aufgrund des hohen ***Transportaufwandes*** ist der Beitrag exotischer Früchte zum Treibhauseffekt groß: Für ein Kilogramm Erdbeeren aus Israel wurden 3,2 Kilogramm CO_2-Emission durch Flugbenzin errechnet, für Weintrauben aus Südafrika sind es 10,7 kg CO_2.[8] Dies findet jedoch keinen Niederschlag in den Preisen der Produkte, solange Flugbenzin nicht entsprechend besteuert wird.

Aus ökologischen Gründen sind daher Lebensmittel aus der Region immer vorzuziehen, nur müssen sie auch der Jahreszeit entsprechen. Obst und Gemüse aus dem Glashaus werden in der Regel auch sehr stark mit ***Kunstdünger*** versetzt und weisen daher eher einen höheren Nitratgehalt auf. Und Nitrate wandeln sich im Körper zu Nitrosaminen um, welche krebsfördernd sein können.[9]

Das Problem für uns KonsumentInnen dabei ist, dass wir weder über die Art des Heranwachsens der Produkte noch die ***enthaltenen Rückstände*** erfahren, außer man entscheidet sich für „Bio". Neben permanenten Lebensmittelkontrollen sind daher kritische KonsumentInnen gefragt. Sich über die Herkunft der Lebensmittel zu informieren und der Entschluss, vorzugsweise Obst und Gemüse aus der Region – vielleicht direkt am Grünmarkt – zu kaufen, verringert jedoch das Gesundheitsrisiko.

---

[1] Quelle: ÖAMTC-Akademie, zit. n. Norbert Weiß: Chancen und Stolpersteine der Reparaturgesellschaft. In: Soziale Erfindungswerkstatt ´99. Dokumentation. JBZ u.a. 1999.
[2] Berechnungen des Wuppertal-Instituts für Umwelt, Klima, Energie. zit. n. Ernst U. v. Weizsäcker u.a.: Faktor vier. Doppelter Wohlstand. Halbierter Naturverbrauch. 1994.
[3] Genau genommen dürften nur die anteiligen Mengenkilometer berechnet werden. Die Menge des pro LKW transportierten Gutes geteilt durch die pro Frühstück konsumierte Menge (z.B. Kaffee) ergäbe demnach den tatsächlichen Transportaufwand für ein Frühstück.
[4] Ernst U. v. Weizsäcker (Anm. 2), S. 83
[5] ebd. S. 85
[6] Zit. n. Christian Salmhofer: Massentierhaltung und Dritte Welt. Unveröffentlichtes Manuskript. o. J. u. S.
[7] ebd.
[8] ebd.
[9] Gerhard Schwischei im Interview mit dem Ernährungsexperten Jürgen König vom Institut für Ernährungswissenschaften an der Universität Wien. In: Salzburger Nachrichten, 8.2.2001.

TIPP 6: Das Saftige liegt so nah

Warum in die Ferne schweifen, das Saftige liegt so nah. Einheimische Fruchtsäfte statt weitgereistem Orangensaftkonzentrat.

17 Prozent der Böden der Erde sind bereits erheblich geschädigt; jährlich gehen weitere sechs Millionen Hektar für die landwirtschaftliche Nutzung verloren. Die Hauptursachen für die ***Degradation*** sind Überweidung, Abholzung immer weiterer Flächen und Chemieeinsatz. Ertragssteigerung durch künstliche Bewässerung führt zur Versalzung der Böden (zwei Drittel der Weltproduktion von Weizen und Reis kommen von bewässerten Feldern). Weltweit sind bereits 30 Prozent der bewässerten Flächen, 47 Prozent des unbewässerten Ackerlandes von Verödung und Verwüstung betroffen.[1]

Durch Bodenerosion, Versumpfung und Versalzung von bewässertem Land, Versteppung und Verwüstung gehen hochgerechnet Jahr für Jahr 14 Millionen Tonnen Getreide verloren; um 85 bis 90 Millionen weitere Menschen auf dieser Erde ernähren zu können, müsste die weltweite Getreideproduktion jedoch um 28 Millionen Tonnen gesteigert werden. Die „Besetzung" von wertvollem Umweltraum für unsere „Luxusprodukte" in den Ländern des Südens durch die globalisierte Landwirtschaft ist neben dem Bevölkerungsdruck hauptverantwortlich für diese Zerstörung regionaler Versorgungsstrukturen.[2]

Mit dem Massenverzehr von importierten Lebensmitteln aus den Ländern des Südens stützen wir nicht deren Wirtschaftskraft, sondern hinterlassen vielmehr soziale und ökologische Zerstörungen dramatischen Ausmaßes. Ein augenscheinliches Beispiel für die ***Ressourcenintensität unserer modernen Ernährungsgewohnheiten*** ist der ***Orangensaft***, der heimische Säfte aus den Regalen verdrängt hat. War dieser früher ein Luxusgetränk für besondere Anlässe, so wird er heute als Billigstware in unseren Supermärkten verkauft und gilt - gefördert durch gezielte Werbung - als Durstlöscher „Nummer Eins".

Der Grund hierfür liegt im Massenbilligimport aus Ländern des Südens, in Österreich zu über 90 Prozent aus Brasilien, dem weltweit größten Orangenproduzenten. Eingeführt wird tiefgefrorenes Orangensaftkonzentrat, das über weite Strecken nach Europa transportiert und hier zum Saft im bekannten Packerl weiterverarbeitet wird. Bereits 1994 wurden in Österreich an die 35.000 Tonnen Orangensaftkonzentrat importiert.[3]

Der Umweltverbrauch dieses Konsumwandels ist jedoch enorm: Die von künstlich bewässerten Plantagen geernteten Orangen werden gewaschen, unter Dampf auf ein Zehntel ihrer Masse konzentriert, tiefgefroren nach Europa verschifft und hierzulande wieder mit Wasser verdünnt. 1 Quadratmeter fruchtbares Land, 22 Liter Wasser und 0,4 Liter Erdöl werden somit benötigt, um einen Liter Orangensaft aus Brasilien zu erzeugen.[4]

Nord-Südorganisationen kritisieren zudem die miserablen Bedingungen der ErntearbeiterInnen, die für Mindestlöhne ***Schwerstarbeit*** leisten. Auch Kinderarbeit ist an der Tagesordnung. 10-12 Jährige schleppen bis zu 60 Kisten Orangen täglich, jede 20 bis 30 Kilo schwer, zu den Sammelplätzen. Ob ein Boykott des Orangensaftes Sinn macht oder ob er den Menschen in der Region letztlich wirtschaftlich eher schadet als

17 Prozent der Böden der Erde sind bereits erheblich geschädigt. Jährlich gehen der Landwirtschaft weitere sechs Millionen Hektar verloren.

Für einen Liter Orangensaft aus Brasilien werden 1 Quadratmeter fruchtbares Land, 22 Liter Wasser und 0,4 Liter Erdöl verbraucht.

Die Landlosenbewegung in Brasilien: Als fünftgrößtes Land der Erde mit dem achtgrößten Bruttosozialprodukt ist Brasilien zu einem der führenden Exportländer von landwirtschaftlichen Produkten geworden. Zugleich ist die Kluft zwischen Reichen und Armen extrem tief. Noch immer leiden Menschen an Hunger. Die „Bewegung besitzloser Landarbeiter" (MST) erwirkt durch Landbesetzungen eine allmähliche Landreform und ist zu einer starken politischen Kraft in Brasilien geworden. In nur 16 Jahren konnte so eine Viertelmillion besitzloser Familien auf einer Fläche von 6 Millionen Hektar angesiedelt werden. Durch Kleinbetriebe, genossenschaftliche Organisierung und teilweise auch ökologisch wirtschaftende Kooperativen wird der Agrarindustrie ein autonomes Agrarmodell entgegengesetzt.
(Nach: Frances Moore Lappè: Hoffnungsträger. Ein internationaler Reiseführer zu grünen Initiativen. Riemann, 2001)

Die Ausbeutung der Böden für Exportprodukte, um Devisen zu erwirtschaften bzw. Schulden zu tilgen, verdrängt eine am Eigenbedarf orientierte Landwirtschaft.

nützt, darüber gibt es unterschiedliche Auffassungen. Manche plädieren für einen fair gehandelten Orangensaft, der seit 1999 analog zu anderen „Trans-Fair-Produkten" wie Kaffee oder Tee in Eine-Welt-Läden erhältlich ist.[5] Mit seinem Preis, der etwa beim Doppelten des Supermarktorangensafts liegt, zeigt das Produkt, was fairer Handel kostet und dass dieser - weltweit umgesetzt - einheimische Säfte sehr rasch wieder konkurrenzfähig machen würde.

Fraglich ist aber, wieweit wir mit dem Import von Südfrüchten den Menschen in den Erzeugerländern überhaupt helfen. Das Prinzip der ***„cash crops"***, das heißt, die Ausbeutung der Böden durch den Anbau von Produkten, die für den Export bestimmt sind, um Devisen zu erwirtschaften bzw. Schulden zu tilgen, verdrängt eine am Eigenbedarf ausgerichtete einheimische Landwirtschaft und zerstört durch Monokulturen und exzessiven Chemieeinsatz die ökologischen Grundlagen dieser Länder.[6]

Die noch immer stark ansteigende Weltbevölkerung erzeugt zusätzlichen ***Druck auf die landwirtschaftlich nutzbaren Flächen***. Daher ist es absurd, wenn wir durch unsere Ernährungsweise den ärmeren Ländern weiteren fruchtbaren Boden wegnehmen.

Die Bevorzugung von **Produkten aus der Region** ist somit ein wichtiger Bestandteil einer nachhaltigen Lebensweise *(s. Tipp 5)*. Wir brauchen deswegen auf exotische Genüsse wie Kaffee oder Tee - und in verträglichen Maßen auch auf Südfrüchte wie Orangen, Bananen, Kiwis oder Grapefruits - nicht zu verzichten. Wenn Sie diese Produkte aus fairem Handel beziehen, setzen Sie sich für humane Arbeitsbedingungen und gerechtere Löhne der PlantagenarbeiterInnen ein. Und Sie tragen dazu bei, dass diese Produkte ihren angemessenen Preis erhalten und damit heimischer Apfelsaft auch preislich wieder attraktiv wird.

---

[1] Sabine Ferenschild u.a.: Weltkursbuch – Globale Auswirkungen eines „zukunftsfähigen Deutschlands". Berlin: Birkhäuser, 1997, S. 43
[2] ebd.
[3] Christian Salmhofer: Bittere Orangen. In: Südwind-Magazin. 1-2/1997
[4] Grafik „Umweltbelastung Orangensaft" des Klimabündnis Österreich nach Berechnungen des Wuppertalinstituts für Klima, Umwelt, Energie. Der Energieverbrauch des Orangensaftes aus Kalifornien, der den US-Markt bedient, ist - bedingt durch schlechtere klimatische Bedingungen - noch bedeutend höher und liegt beim vierzigfachen Wert. In Florida, der US-Hochburg der Orangenproduktion, werden die Felder im Unterschied zu Brasilien bewässert, bei drohender Frostgefahr beheizt und die Früchte maschinell geerntet. Zit. n. Pilz (s. Anm. 5) S.9
[5] So etwa Brigitte Pilz: Das Geschäft mit den Vitaminen. In: Südwind-Magazin, 1-2/1997: sowie in: Zum Beispiel Orangen. Göttingen: Lamuv, 1998. Der seit 1999 aus fairer Produktion erhältliche Orangensaft bietet eine Alternative zum Boykott.
[6] Ein neuer in Mode gekommener Luxus ist Shrimps, der etwa in Ecuador, durch IWF und Weltbank gefördert, in den Mangrovenwäldern industriell gezüchtet wird und den Einheimischen die Lebensgrundlagen entzieht. Vgl. Salzburger Nachrichten, 9.10.2000.

TIPP 7: Eier von glücklichen Hühnern

Kaufen Sie bewusst nur mehr Eier von Freilandhühnern und unterstützen Sie ein verbot der Käfighaltung.

Aus ökologischer Sicht richtet die Eierproduktion vergleichsweise wenig Schaden an. Mit einem ***Energieeinsatz*** von drei Kilowattstunden je Kilogramm entspricht die Produktion der Hühnereier etwa der von Getreide. Das Verhältnis der eingesetzten Energie zum Nährwert ist freilich geringer. Unterm Strich ist für jede aus einem Ei gewonnene Kalorie 1,5 mal soviel Energie für Produktion, Transport und Verkauf notwendig.[1]

Das Hauptproblem bei Eiern stellt jedoch die tierverachtende Massenhaltung in sogenannten ***Legebatterien*** dar. Mit Spezialfutter werden die Hühner zu Höchstleistungen getrimmt. Während die Vorfahren unserer hochgezüchteten Hennen in freier Wildbahn nur zwei Dutzend Eier pro Jahr legten, gibt es heute Tiere, die 300 Stück und mehr „schaffen“.[2]

Über ***12 Millionen Hühner*** gibt es heute in Österreich, die uns jährlich an die 2 Milliarden Eier und 100.000 Tonnen Geflügelfleisch bescheren.[3] Während die durchschnittliche Betriebsgröße in den 60er Jahren noch bei 25 Hühnern lag, stieg sie bis heute auf über 120. Die Durchschnittszahlen täuschen aber.

Die Großbetriebe halten oft mehrere tausend Tiere, sei es in riesigen Mastställen oder in Käfigen für die „Eierproduktion“.[4]

Trotz Sensibilisierung gegenüber den Gesundheitsrisiken durch Eier oder Geflügelfleisch aus den „Hühnerfabriken“ und trotz der Kritik und Proteste von TierschützerInnen gegen die Reduzierung der Tiere zu „Eilegeautomaten“ bzw. „Mastkanonen“ ist ein österreichweites ***Verbot der Käfighaltung*** von Hühnern nicht in Sicht, wiewohl dieses etwa in Ländern wie Schweden oder der Schweiz bereits umgesetzt ist. Tierschutz ist in Österreich Ländersache. Drei Bundesländer setzen hinsichtlich Hühnerhaltung jedoch ein Signal: In Tirol gilt das Verbot der Käfighaltung ab 2001, in Salzburg ab 2002 und Vorarlberg folgt 2003, auch wenn es „großzügige“ Übergangsregelungen gibt. Die Bundesländer mit den großen Hühnerfabriken wie Oberösterreich, Niederösterreich oder Steiermark ziehen jedoch noch nicht mit.[5]

Auch EU-weit stehen die Chancen auf ein generelles ***Verbot der Käfighaltung*** schlecht. Eine neue Richtlinie der Landwirtschaftsminister, die im Sommer 1999 verabschiedet wurde, sieht lediglich eine Mindestgröße für die Käfige vor. Ab 2003 müssen neue Ställe 750 Quadratzentimeter pro Huhn groß sein, mit Einstreu zum Scharren und Picken sowie einer 15 Zentimeter langen Sitzstange versehen sein. Für den Austausch alter Käfige durch diese neuen haben die EU-Hühnerfarmer gar bis 2012 Zeit. Noch gibt es nicht einmal eine EU-weite Kennzeichnung von Käfigeiern. Eine Novelle zur EU-Vermarktungsordnung sieht nun aber eine zweifache Kennzeichnung vor: Die Haltungsform, z.B. „Eier aus Batteriehaltung“, muss auf der Verpackung stehen, soll aber auch auf dem Ei selbst aufgestempelt sein (derzeit gibt es nur eine Positivkennzeichnung, also „Eier aus Freilandhaltung“).[6]

Chemisch-analytisch sind ***Eier aus Legebatterien*** nicht von Eiern aus Freilandhaltung zu unterscheiden. Eine Erkennung ist nur möglich an den Kratz-

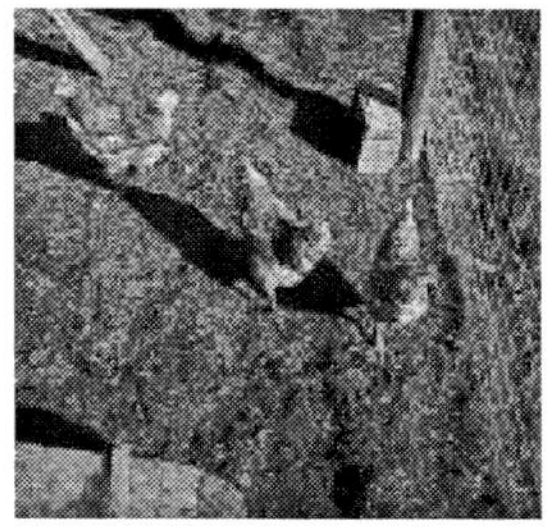

Während die Vorfahren unserer hochgezüchteten Hennen in freier Wildbahn nur zwei Dutzend Eier pro Jahr legten, gibt es heute Hühner, die auf mehr als 300 Stück kommen.

Eier sind die einzigen Lebensmittel, die in den letzten 50 Jahren billiger geworden sind. Dies ist nur möglich durch die Massenproduktion in „Eierlegebatterien“.

Ein EU-weites Verbot der Käfighaltung von Hühnern ist nicht in Sicht. Lediglich die genaue Kennzeichnung der Haltungsform, z.B. „Eier aus Batteriehaltung" wurde beschlossen.

spuren der Batterie-Eier, die vom Fallen auf die Legegitter entstehen. Entscheidend für die Qualität von Eiern ist die Art des Futters (Getreideanteil, Zugabe von Leistungsförderern und Antibiotika - dies gilt natürlich auch für Geflügelfleisch). Die Verwendung billigeren Futters ist in der industriellen Massenproduktion jedoch wahrscheinlicher als bei Kleinbetrieben. So wird den Tieren, die in engen Ställen zusammengepfercht sind, Fischmehl ins Futter beigemengt, da dies offensichtlich die Aggressionen verringert, und die Tiere so weniger aufeinander losgehen. Massentierhaltung birgt auch größere Risiken für Infektionen und Erkrankungen. Artgerechte Haltung fördert durch die Bewegungsfreiheit die Gesundheit der Tiere. Zudem picken sich Freilandhühner auch natürliche Nahrung aus Böden.

Zwei Dinge könnten den ***Weg zu artgerechter Hühnerhaltung*** (Freilaufstall mit Freilandauslaufmöglichkeit) beschleunigen. Der noch stärker werdende Protest von TierschützerInnen sowie die weitere Zunahme von Infektionskrankheiten. Die bisher bekanntesten Erreger, die in Eiern und Eiprodukten gefunden wurden, sind Salmonellen.

In den USA etwa spielten Salmonellenerkrankungen in der Nachkriegszeit kaum eine Rolle, und noch Anfang der 60er Jahre wurden nur 10.000 Fälle pro Jahr beobachtet, 1989 dann über 40.000 – und bei einem einzigen Ausbruch 1994 plötzlich 224.000 Erkrankungen. Ähnlich ist die Situation in Europa: Darmentzündungen durch Salmonellen und vergleichbare Erreger waren in Deutschland noch Anfang der 60er Jahre kein größeres Problem, die Erkrankungsrate lag nahe bei Null. Im Jahre 1972 gab es einen Anstieg auf 20.000 Fälle, 1985 waren es mit 50.000 Erkrankungen mehr als doppelt so viele. 1998 wurden bereits über 210.000 Fälle gezählt.[7]

Eier sowie Geflügelfleisch von ***Freilandhühnern*** sind der beste Garant für Qualität und Gesundheit. Und wenn Sie bewusst nur mehr Freilandeier sowie Geflügelfleisch aus ***artgerechter Haltung*** kaufen und bereit sind, dafür einen etwas höheren Preis zu zahlen, setzen Sie auch ein Signal, Tierquälerei nicht hinzunehmen. Eier sind übrigens die einzigen Nahrungsmittel, die seit dem Zweiten Weltkrieg billiger geworden sind, was nur durch die Massenhaltung möglich wurde![8] Schließen Sie sich den Argumenten der Tierschutzinitiativen an, damit es zu einem generellen Verbot der Käfighaltung kommt.

---

[1] Kurt Langbein u.a.: Kursbuch Lebensqualität. Kiepenhauer & Wietsch, 1995, S. 655
[2] ebd. S. 656
[3] Christian Nohel u.a. : Lebensmittelreport. Verl. Holzhausen, 1999. S. 76
[4] BMUJF: Die Umweltsituation in Österreich. 5. Umweltkontrollbericht. 1998, S. 334
[5] Salzburger Nachrichten, 19.8.1999
[6] ebd. sowie SN-Bericht zum Welteitag 2000
[7] Hans-Ulrich Grimm: Aus Teufels Topf. Die neuen Risiken beim Essen. Stuttgart: Klett-Cotta, 1999. S.15f
Salmonellen können freilich auch in Eiern von Freilandhühnern gefunden werden. Wichtig ist die richtige Zubereitung und das Einhalten von Ablauffristen. Das Erhitzen auf mindestens 70 Grad Celsius tötet Salmonellen ab, Temperaturen unter zehn Grad Celsius hindern sie lediglich am Wachstum. Besonders gefährdet sind Speisen mit rohen oder kaum erhitzten Eiern, wie etwa Mayonnaise, Sauce, Desserts (z.B. Cremes, Tiramisu), Backwarenfüllungen, Speiseeis, aber auch weichgekochte Eier, Rührei und Spiegeleier. (Letztere sind daher gut zu erhitzen). Für industriell hergestellte Lebensmittel werden vorwiegend Trockeneier oder pasteurisierte Eier verwendet, die keine Salmonellen mehr enthalten können. Im privaten Haushalt lassen sich Infektionen verhindern, wenn man auf Frische achtet.
[8] Langbein u.a. (Anm. 1) S. 655

TIPP 8: Lebensmittel ohne Gentechnik

Das Wissen um die möglichen negativen Auswirkungen gentechnisch veränderter Lebensmittel ist noch viel zu gering. Beharren wir auf der Kennzeichnungspflicht und der Schaffung gentechnikfreier Zonen.

Während gentechnische Forschungen im medizinischen Bereich zum Finden neuer Medikamente weitgehend Akzeptanz finden, ist die Ablehnung gegen gentechnikveränderte Lebensmittel in Österreich groß, wie etwa das Gentechnik-Volksbegehren aus dem Jahr 1997 zeigt. Doch auch in anderen EU-Ländern sowie in den USA und Japan regt sich Widerstand.

In den USA, dem Land, das als erstes gentechnisch veränderte Lebensmittel im großen Stil einsetzte, ein Großversuch mit 270 Millionen Menschen, und in dem Schätzungen zufolge heute 70 Prozent aller Nahrungsmittel gentechnisch veränderte Inhaltsstoffe enthalten, haben kritischer werdende VerbraucherInnen erreicht, dass zumindest Babykosthersteller, aber auch Fastfoodketten bewusst auf gentechnikfreie Lebensmittel setzen.[1]

Mehrere Regionen in der EU wie die Toskana oder – wenn auch halbherzig – das österreichische Bundesland Salzburg haben sich zu gentechnikfreien Zonen erklärt, um die eigene hochwertige Landwirtschaft zu schützen. Allein: Es wird aufgrund ***mangelnder Nachvollziehbarkeit*** der Produktketten in Zukunft immer schwieriger, sicherzustellen, dass Lebensmittel garantiert gentechnikfrei erzeugt wurden. Zu Recht gaben daher bei einer aktuellen Befragung in Österreich vier Fünftel der KonsumentInnen an, sie fühlten sich zu wenig darüber informiert, ob an den Lebensmitteln, die sie kaufen, gentechnisch manipuliert worden ist.[2] Die ***illegale Anpflanzung*** von gentechnisch verändertem Mais in Österreich im Frühjahr 2001, der in das Saatgut von Bauern gemischt worden war, zeigt ebenfalls, wie schwierig die Kontrolle ist.

Welchen Nutzen verspricht sich (uns) die Forschung aus der gentechnischen Veränderung von Pflanzen? Während in der klassischen Pflanzenzüchtung mittels langwieriger Kreuzungs-, Mutations- und Selektionsprozesse versucht wird, aus einer Vielzahl von Pflanzen einige wenige mit den gewünschten Eigenschaften herauszulesen, sollen mittels direktem Zugriff auf das Erbgut raschere und zielgenauere Züchtungserfolge erreicht werden.

Ein Großteil der Bemühungen konzentriert sich auf die Entwicklung von ***insekten-, pilz-, virus- und herbizidresistenten Pflanzen***. Das wohl prominenteste Beispiel ist der sogenannte BT-Mais, dem ein zusätzliches Gen aus dem Bakterium Bacillus thuringiensis (BT) eingebaut wurde. Dieses Gen beinhaltet die Information für ein Toxin, das auf bestimmte Insektengruppen wirkt. Insekten, die an der Pflanze fressen, sterben somit ab. In analoger Weise wurde Pflanzen, z. B. der Monsanto-Sojapflanze, ein Gen implantiert, welches gegen ein bestimmtes Herbizid resistent ist. Dieses könne – so die Hersteller - dann „unbedenklich" gesprüht werden, um das Unkraut zu vernichten.

Andere Versuche zielen auf die Veränderung des ***Reifungsvorgangs*** sowie der ***Haltbarkeit von Früchten***. Die sogenannten „flavr-savr-Tomaten" können in reifem Zustand geerntet werden und sind danach zwei bis drei Wochen lagerfähig. Mit der Verbesserung der Nahrungssicherheit argumentiert werden

Auch in den USA, wo Schätzungen zufolge 70 Prozent aller Nahrungsmittel gentechnisch veränderte Inhaltsstoffe enthalten, regt sich Widerstand.

Gentechnik zerstört lokale Kulturen und löst nicht das Problem des Hungers: Gentechnisch veränderte Lebensmittel werden von den Befürwortern als Chance zur Überwindung des Hungers angepriesen. Die indische Ökologin *Vandana Shiva* warnt jedoch seit vielen Jahren vor diesen Versprechungen und setzt Initiativen zur Rettung und Wiederentdeckung lokaler landwirtschaftlicher Kulturen. Überall in Asien sind Bewegungen entstanden, die sich zum Ziel gesetzt haben, die nachhaltige Landwirtschaft zu fördern, die reiche Biodiversität in der Landwirtschaft zu schützen und die Nahrungskultur, Nahrungssicherheit und Ernährungsrechte der Menschen zu verteidigen. In *Indien* bemüht sich die *Navdayna-Bewegung* um den Schutz der Biodiversität, die Schaffung von gemeinschaftlichen Verkaufsstellen für Saatgut, die Förderung der organischen Landwirtschaft und die Verteilung organischer Nahrungsmittel. Es wurde auch eine Kampagne gegen gentechnisch veränderte Agrarprodukte gestartet. In *Sri Lanka* ist die Organisation *Gami Seva Samiti* Kopf einer Bewegung, die sich zum Ziel gesetzt hat, der organischen Landwirtschaft eine größere Verbreitung zu verschaffen. In *Malaysia* führt das *Pesticide Action Network for the Asia Pacific Region* breit angelegte Kampagnen zur Nahrungssicherheit und nachhaltigen Landwirtschaft durch. Auf den *Philippinen* ist die *Masipag*, eine Bewegung von 10.000 Bauern, bemüht, eine lebensfähige alternative Landwirtschaft zu schaffen, die sich um die Belange lokaler Kulturen und der besonderen Bedürfnisse der einheimischen Volksgruppen kümmert. Und in *Japan* haben sich 250.000 Hausfrauen im *Seikatsu Club* organisiert, der gentechnisch veränderte Nahrungsmittel ablehnt und sich zum Ziel gesetzt hat, den Verbrauch von organisch angebauten Nahrungsmitteln zu fördern.
(Nach: Vandana Shiva: Das Leben ist Nahrung. In: José Lutzenberger, Franz-Theo Gottwald: Ernährung in der Wissensgesellschaft. Frankfurt: Campus, 1999, S. 201-211)

Im Jahr 2000 wurde weltweit bereits auf rund 40 Mio. Hektar Ackerland genmanipuliertes Saatgut ausgebracht.

Versuche, die den Gehalt von ernährungsphysiologisch wertvollen Substanzen wie z.B. Aminosäuren in Pflanzensamen für Mais, Soja oder Kartoffeln erhöhen. In asiatischen Ländern werden Anstrengungen unternommen, die Gene von allergenen Proteinen in Reis auszuschalten, um so Erleichterungen für Reis-Allergiker zu schaffen. Weitere Versuche zielen gar auf die Herstellung von „essbaren Impfstoffen", wie die medial kolportierte „Impfbanane".[3]

Versuche mit transgenen Pflanzen werden in einem ***Stufenverfahren*** abgewickelt. Auf Versuche in geschlossenen Laboratorien und Glashäusern folgen Freisetzungsversuche in zunehmender Größe. In der EU wurden bis dato ca. 1300 ***Freisetzungen*** registriert, im Jahr 1988 waren es fünf, 1998 wurden bereits 237 Freisetzungsversuche verzeichnet. Tendenz steigend. Weltweit werden die Freisetzungsversuche auf über 6000 geschätzt.[4] Die meisten Freisetzungsversuche in der EU beziehen sich auf Mais (25 Prozent), Raps (20 Prozent), Zuckerrüben (16 Prozent) und Kartoffeln (11 Prozent).[5] Die flächenmäßig größten Versuche finden in den USA und China statt. In den USA hat die Anbaufläche innerhalb eines Jahres von ca. acht auf mehr als 20 Mio. Hektar (Stand 1999) zugenommen. Im Jahr 2000 wurden weltweit bereits auf rund 40 Mio. Hektar Ackerland genmanipuliertes Saatgut ausgebracht.[6]

Die ***Kritik*** an gentechnischen Eingriffen in Lebensmittel hat zwei Stoßrichtungen. Zum einen wird die mit der Anwendung der Gentechnik verbundene weitere ***Industrialisierung der Landwirtschaft*** mit all ihren Abhängigkeiten der Bauern von Großkonzernen - Patentierungen, weitere Reduzierung der Artenvielfalt, Aufbau von ***Saatgutmonopolen*** - problematisiert. Weltweit gibt es rund 1500 Saatguthersteller, der überwiegende Teil hat seinen Sitz in den USA (600) und Europa (400). Die führenden 20 Anbieter halten inzwischen etwa die Hälfte des Weltmarkts, auf dem zur Zeit 45 Milliarden Dollar umgesetzt werden.[7]

Zum anderen geht es um nicht bekannte und vorhersagbare ***Risiken.*** Transgene Pflanzen könnten neben den erwünschten auch unerwünschte Eigenschaften ausbilden, welche – so die Warnungen - auch auf andere Pflanzen übertragen würden, wie wir aus Erfahrungen mit exotischen Tier- und Pflanzenarten wissen (Auskreuzung). Besonders problematisch ist dabei, dass Pflanzen mit negativen Auswirkungen kaum oder nur sehr schwer rückgeholt werden können.

Möglich sind sogar Übertragungen auf nicht verwandte Arten oder gar Mikroorganismen. Dies gilt insbesondere für ***Antibiotikaresistenzgene***, die zu Erkennungszwecken verwendet werden. Lange Zeit wurde angezweifelt, dass eine Übertragung dieser Gene aus transgenen Pflanzen auf Mikroorganismen möglich sei. Laborversuche haben dies aber mittlerweile bestätigt. Die derzeit auf dem Markt befindlichen Pflanzen dienen hauptsächlich als Viehfutter. So schafft der technologische Fortschritt ideale Voraussetzungen, um das bereits bestehende Problem der steigenden Antibiotikaresistenz weiter zu verschärfen, da nun Resistenzgene und Antibiotika gleichzeitig verabreicht werden.[8] Die Ausbringung von Resistenzgenen war mit ein Grund, warum Österreich ein Importverbot für BT-Mais erlassen hat.[9]

Die schärfste Kritik an gentechnisch veränderten Lebensmitteln kommt von den VertreterInnen des ***biologischen Landbaus***, da durch die Auskreuzungsgefahr die Qualität und Akzeptanz ihrer Lebensmittel Schaden nehmen würde. Resistenzbildungen von Pflanzen würden zudem im biologischen Landbau erlaubte Insektizide natürlichen Ursprungs wie das angeführte BT-Toxin unwirksam machen.[10] Hervorgehoben wird auch, dass im integrierten und besonders im biologischen Landbau Schadorganismen und Anbauprobleme im Unterschied zum gentechnischen Ansatz nicht als isolierte Einzelfaktoren sondern ganzheitlich bekämpft werden. Für viele Pflanzenschädlinge gäbe es überdies in der Gentechnik noch keine oder erst sehr vage Bekämpfungsansätze. Ökologischer Landbau biete durch einen vielfältigen Mosaikansatz daher die bessere Strategie zur Schädlingsbekämpfung und Verhinderung von Restistenzdurchbrüchen.[11]

Ausstiegsszenarien bzw. „Insellösungen" sind aufgrund der weit fortgeschrittenen Freisetzungen kaum mehr realistisch. ***Gentechnikfreie Zonen***, wie sie in den USA gefordert werden („neutral zones"), könnten jedoch sicherstellen, dass im Umfeld von biologischem Anbau keine Genversuche stattfinden dürfen. In diesem Sinne können sich Regionen zu gentechnikfreien Zonen erklären. Mit dem Beharren auf der ***Kennzeichnungspflicht*** für Produkte, die gentechnisch veränderte Substanzen (z.B. Mais im Tierfutter oder Soja in Lebensmitteln) enthalten, setzen wir Signale an den Markt für gentechnikfreie Lebensmittel. Beispiele aus Japan, aber auch aus dem Genhochland USA zeigen, dass Futtermittelhersteller wie Lebensmittelproduzenten auf genkritische KonsumentInnen sehr wohl reagieren (müssen).

Die Ausbringung von Resistenzgenen war mit ein Grund, warum Österreich ein Importverbot für BT-Mais erlassen hat.

---

[1] Vgl. Gertraud Leimüller: Europa-Syndrom in USA. In: Salzburger Nachrichten, 11.7.2000.
[2] Nach Salzburger Nachrichten, 7.3.2000
[3] Armin Spök: Sensible Materie. Gentechnik in der Landwirtschaft. In: Umwelt & Bildung 2/99, S. 31f
[4] ebd. S. 32
[5] Stand: 19.10.1999, Quelle: Robert Koch-Institut, zit. n. Ökologie & Landbau 1/2000, S. 2
[6] Zit. n. punkt.um. Monatlicher Umweltinformationsdienst 7-8/01, S. 14
[7] Beatrix Tappeser u.a.: Die blaue Paprika. Globale Nahrungsmittelproduktion auf dem Prüfstand. Berlin u.a.: Birkhäuser, 1999. S. 39
[8] Öko-Institut e.V.: Die Globalisierung der Speisekammer. Bd. 1, Freiburg, 1999, S. 76
[9] Spök (s. Anm. 3) S. 33
[10] ebd. S. 33
[11] Karin Nowack: Ökolandbau ohne Gentechnik ist zukunftsweisend. In: Ökologie & Landbau 1/2000, S. 52

TIPP 9: „Bio" als Königsweg

Steigen Sie um auf biologisch erzeugte Produkte, wo immer Ihnen dies möglich ist. Ihrer Gesundheit wie der Umwelt zuliebe.

Auch große Lebensmittelketten bieten mittlerweile Bioprodukte an.

Der Kunstdüngereinsatz der österreichischen Landwirtschaft ist rückläufig, in den Regionen mit intensiver Bewirtschaftung aber immer noch sehr hoch. Dazu kommt teilweise die Überdüngung mit Gülle in Großbetrieben.

Nach starken Zunahmen des ***Handelsdüngereinsatzes*** bei Phosphor und Kali bis zu Beginn der 70er Jahre und bei Stickstoff bis Mitte der 80er Jahre im Zuge der Intensivierung und Spezialisierung der österreichischen Landwirtschaft geht der Verbrauch seither wieder zurück. Bei Phospor und Kali deutlich, bei Stickstoff mäßiger. Wurden zu Spitzenzeiten durchschnittlich 60 Kilogramm Stickstoff pro Hektar düngungswürdiger Fläche (= Acker und Weiden, jedoch ohne Almen) gestreut, so sind es heute an die 50 Kilogramm (1960 waren es nur 20 Kilogramm!). Die Mengen bei Phosphor und Kali sind mit etwa 25 Kilogramm wieder auf die Werte der 50er/60er Jahre zurückgegangen.[1]

Kunstdüngereinsatz ist zwar rückläufig, aber regional sehr unterschiedlich.

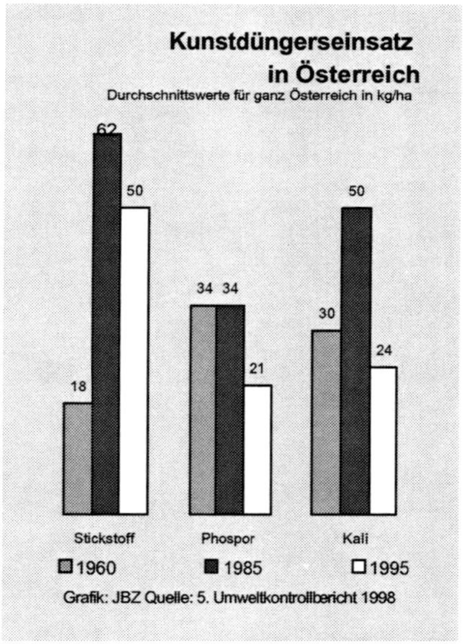

Der ***Rückgang des Kunstdüngerverbrauchs*** in Österreich wird auf die fallenden Preise für landwirtschaftliche Produkte sowie auf das seit dem EU-Beitritt 1995 angebotene Österreichische Programm für umweltgerechte Landwirtschaft (ÖPUL) zurückgeführt, welches die Extensivierung der Flächennutzung finanziell fördert.[2]

Um die tatsächlichen ökologischen Auswirkungen (etwa Nitratbelastung der Gewässer) eruieren zu können, sind jedoch ***differenzierte Regionalanalysen*** notwendig, denn der ***Düngemitteleinsatz*** weist ein deutliches Ost-West-Gefälle auf. Während in den Alpenregionen mit extensiver Tierhaltung durchschnittliche Stickstoffmengen bis zu 20 Kilogramm pro Hektar beigegeben werden, sind es in der Intensivlandwirtschaft Ostösterreichs 100 bis 200 Kilogramm. Dies erklärt auch, dass Österreichs Kunstdüngereinsatz weit hinter anderen EU-Staaten wie den Niederlanden, Belgien, Dänemark oder Deutschland liegt, die etwa einen drei bis fünf mal höheren Stickstoffeinsatz als die österreichische Landwirtschaft aufweisen.[3]

Für die ökologische Bewertung ist zweitens auch die Menge und Art des Austrags von ***Viehdünger*** von Bedeutung. Eine zu dichte Viehbestandsgröße birgt die Gefahr der Überdüngung. Bei Gülleausbringung auf Felder mit fehlender Vegetationsdecke (z.B. im Herbst, Winter und im zeitigen Frühjahr) kann es zu Nitratauswaschungen ins Grundwasser, bei gefrorenem Boden auch zu Oberflächenabfluss und entsprechender Belastung von Gewässern kommen. Zu einer umweltverträglichen Landwirtschaft gehören daher auch eine angepasste ***Größe des Viehbestandes***, ***Gründüngung*** sowie ***Brachen***, die eine organische Erneuerung der Böden erlauben.

Die verträglichste Bewirtschaftung ist jedoch mit Abstand der ***Biolandbau***, der auf Stickstoffkunstdünger generell verzichtet und auf artgerechter Tierhaltung basiert. Aufgrund einer geänderten Förderpraxis seit dem EU-Beitritt, der topografischen Alpenlage, der teilweise kleinbetrieblichen Strukturen, aber auch aufgrund deutlich erhöhter Marktnachfrage (Einstieg von Lebensmittelketten) ist Österreich EU-weit noch immer das ***Pionierland der biologischen Landwirtschaft***. 1994 arbeiteten 13.000 österreichische Landwirte nach biologischen Richtlinien, 2000 waren es bereits an die 20.000. Das gilt als Spitzenwert in Europa.[4]

10 Prozent der landwirtschaftlichen Fläche in Österreich werden biologisch bewirtschaftet. In der CH sind es 7 Prozent, in Dänemark 6 Prozent, in der BRD 2 Prozent, der EU-Schnitt liegt bei 2,1 Prozent.[5] Weltweit werden 17,2 Millionen Hektar landwirtschaftliche Nutzfläche biologisch bewirtschaftet. Die größte Biofläche befindet sich in Australien mit ca. 7,7 Mio. Hektar, in Argentinien sind es 2,8 Mio. Hektar.[6]

Der Umsatz der österreichischen Biobauern wurde bereits 1997 mit ca. 150 Millionen Euro angegeben. Während nur ca. 10 Prozent der Bio-Produkte über Direktvermarktung und nur 13 Prozent über den Naturkosthandel verkauft werden, fallen mittlerweile drei Viertel (77 Prozent) auf den Lebensmitteleinzelhandel, vor allem auf Supermärkte (In der Schweiz beträgt dieser Anteil 62 Prozent).[7]

Eine große Ausweitung haben ***Bio-Milchprodukte*** erfahren. Mit 250 Millionen Kilogramm stellte die Biomilch-Erzeugung 1999 bereits 10 Prozent der

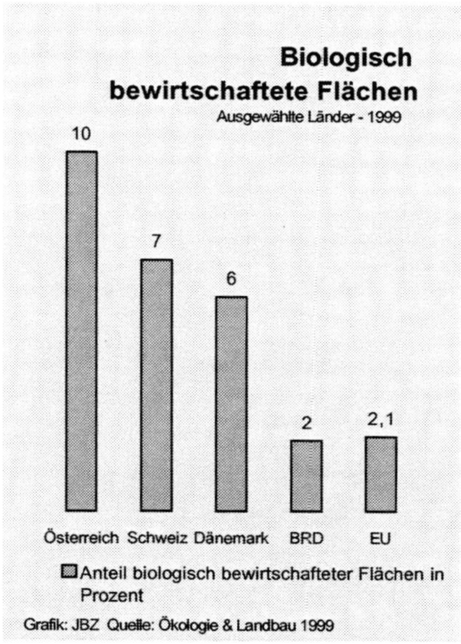

nationalen Milchquote. 140 Millionen Kilogramm wurden mit dem sogenannten „Bio-Zuschlag" an Molkereien für die Weiterverarbeitung verkauft.[8]

Bio-Milchprodukte verzeichneten die größten Marktzuwächse und betragen in Österreich derzeit bereits 10 Prozent an der Gesamtmilchquote.

Diese Vermarktungsquote ist nur möglich, weil Bio-Produkte auch im ***Supermarkt*** angeboten werden. Zwei österreichische Lebensmittelketten bauten ein eigenes Bio-Lebensmittelsortiment auf: ***„Ja! Natürlich"*** von ***Billa*** und ***„Spar Natur pur"***. 5000 Landwirte in Österreich sind mittlerweile auf privatrechtlicher Basis Partner des BML-Konzerns (Billa/Merkur/Bipa). Mit 200 Produkten aus kontrolliert biologischem Landbau erwirtschaftet BML 2 Milliarden Schilling (150 Mio. Euro) Umsatz.[9] Wie *Billa* wirbt auch *Spar* mit seiner Kampagne *„Spar Natur pur"* bewusst mit der Hervorhebung der besonderen Qualität der Bio-Produkte und weniger mit ökologischen Argumenten.[10]

Bio-Produkte in Lebensmittelketten erhöhen die Absätze und drücken die Preise.

Warum sind Bioprodukte teurer? Der Flächenertrag von Biobetrieben ist geringer als jener konventionell wirtschaftender Betriebe. So hat etwa ein Kilogramm Schnitzelfleisch konventionell erzeugt einen Flächenbedarf von 22 Quadratmetern, bei Bio-Fleisch sind es 33 Quadratmeter.[11] Daher müssen die

Große Leistungen – zu wenig erkannt: Die positiven Auswirkungen des ökologischen Landbaus auf die biotischen und abiotischen Ressourcen sind inzwischen unbestritten und durch zahlreiche wissenschaftliche Arbeiten insbesondere aus Europa und Nordamerika belegt. Ökologische Bewirtschaftung fördert das Bodenleben, erhält die Bodenfruchtbarkeit, verhindert Bodenerosion, schützt das Trinkwasser, schützt und fördert bestäubende Insekten und andere Nützlinge, trägt zum Landschaftsschutz bei, verhindert Desertifikation, ist klimaverträglich und energiesparend. Darüber hinaus erhält der ökologische Landbau die genetische Vielfalt von Rassen und Sorten ebenso wie die Vielfalt der natürlichen Flora und Fauna.

Die auf dem Rio-Gipfel beschlossene Biodiversitäts-Konvention erwähnt ausdrücklich den ökologischen Landbau als eine besonders zu fördernde Wirtschaftsweise wegen seines Beitrages zum Erhalt der biologischen Vielfalt. Auch in anderen Teilen der Welt wird das Potenzial des ökologischen Landbaus genutzt.

Die Leistungen des ökologischen Landbaus werden aber finanziell noch immer nicht ausreichend gewürdigt. Lediglich drei Prozent der landwirtschaftlich genutzten Fläche in der EU werden biologisch bewirtschaftet, und in kaum einem Land außerhalb Europas liegt der Anteil über einem Prozent. Bisher gibt es kaum Berechnungen des monetären Wertes von ökologischen Leistungen. Anhaltspunkte bieten aber die berechneten Kosten der Schäden durch die intensive konventionelle Landwirtschaft.

(Helga Willer, in: Ökologie & Landbau Nr. 2/2002, Schwerpunkt: Externe Leistungen und Kosten der Landwirtschaft)

Die vielfältigen Leistungen des Biolandbaus werden noch immer zu wenig anerkannt.

Preise von Bio-Produkten über denen der Intensivlandwirtschaft liegen. Dennoch muss mehr Transparenz in die Preisgestaltung kommen.

Laut Greenpeace erhält ein konventionell wirtschaftender Betrieb für das Kilo Rindfleisch 4,80 DM (ca. 2,4 Euro), der Konsument zahlt durchschnittlich an die 16 DM (8 Euro). Für ***Fleisch*** aus biologischer, artgerechter Tierhaltung bekommt der Landwirt durchschnittlich 6,30 DM (ca. 3,15 Euro), der Konsument zahlt aber ca. 25 DM (ca. 22,5 Euro).

Beträchtlich ist auch der Unterschied bei ***Getreide:*** Der konventionell wirtschaftende Betrieb erhält 23 Pfenning (13 Cent) pro Kilogramm, der Biobetrieb etwa das Doppelte, der Konsumentenpreis liegt bei konventionellem Getreide bei 0,5 bis 1,2 DM (bis zu 60 Cent) pro Kilogramm, bei Bio-Getreide bei 1,80 DM (90 Cent). Der Bio-Preis bei ***Eiern*** wird mit dem Dreifachen von Nichtbio-Eiern angegeben, bei Milch entspricht die Differenz 70-100 Prozent.[12]

Das Angebot von Bio-Produkten in Supermärkten erhöht die Nachfrage und führt damit auch zu einem gewissen Sinken der Preise. Neben Preistransparenz ist natürlich auch Qualitätsgarantie erforderlich. Da immer mehr mit dem Wort „Bio“ geworden wird, ist es wichtig auf das tatsächliche ***Qualitätssiegel*** zu achten. In Österreich muss auf der Ware das runde Agramarkt-Austria-Siegel ***„Aus biologischem Anbau“*** bzw. ein Zeichen eines anerkannten Bioverbandes wie ***„Ernte“*** stehen. Nur dann gehen Sie sicher, dass Gemüse und Obst ohne Kunstdüngerbeigaben und Pestizide (erlaubt sind nur einige Insektizide natürlichen Ursprungs) herangewachsen sind und bei Milchprodukten und Fleisch, dass die Tiere artgerecht gehalten werden (Laufställe, bei Rindern mindestens 180 Tage im Jahr Zugang zu Weiden, nur Futter aus biologischem Anbau, selbstverständlich keine Zusatzstoffe wie Leistungsförderer).[13]

CO_2-Bilanzen der Biobauern: Bio-Produkte sind nicht nur gesünder, sondern auch umweltschonender, wie allein der Vergleich der CO_2-Emissionen mit herkömmlicher Landwirtschaft zeigt. Ein nach Öko-Landbau-Richtlinien erzeugtes Kilogramm Rindfleisch verbraucht um die Hälfte weniger Energie. Bio-Milch hat im Vergleich zur normalen einen um 50 Prozent geringeren und Bio-Vollkornbrot gegenüber Weißbrot einen um 23 Prozent geringeren Energiebedarf. Während die chemie- und maschinenintensive Landwirtschaft pro Hektar 1,25 Tonnen CO_2 verursacht (inkl. Gartenbau und Glashauswirtschaft sind es sogar 2,3 Tonnen), sind es in der biologischen

Landwirtschaft mit 0,5 Tonnen 60 Prozent (inkl. Gartenbau sogar fast 80 Prozent) weniger. Der Grund liegt vor allem im Verzicht auf energieintensivem Kunstdünger.[14]

Und der Biolandbau schafft auch Arbeitsplätze: Im ökologischen Landbau finden bis zu sechs Menschen auf hundert Hektar Arbeit, während in der konventionellen Landwirtschaft angestrebt wird, mit einer bis zu einer drittel Arbeitskraft je hundert Hektar auszukommen.[15]

Die ***Umstellung der landwirtschaftlichen Förderungen*** weg von der Betriebsgröße beziehungsweise den Hektarerträgen hin zur Arbeitsintensität (etwa Förderung für Arbeitskräfte) würde die Ertragsbedingungen des Biolandbaus verbessern, sinnvolle Arbeitsplätze schaffen und das Agrarsystem in eine ökologische Richtung umlenken. Studien beweisen, dass die Umstellung auf biologische Landwirtschaft dauerhafte Arbeitsplätze schaffen würde.

Dass eine grundlegende Umstellung möglich wäre und „Bio" nicht eine Nische im Landwirtschaftsystem bleiben müsste, beweist eine aktuelle Studie des Öko-Instituts in Freiburg, die zum Schluss kommt, ***dass der Ökolandbau die gesamte Bevölkerung Deutschlands ernähren könnte.*** Einzige Voraussetzung: Die Deutschen müssten weniger Fleisch essen, da die Erzeugung von „tierischen" Kalorien einen vergleichsweise höheren Flächenanteil beansprucht als die Erzeugung von pflanzlicher Nahrung.[16]

Eine Ökologisierung unserer Agrarsysteme ist überfällig. Die Krönung einer ***nachhaltigen Ernährungsweise*** ist daher eindeutig der Umstieg auf Bio-Produkte. Bei einer gleichzeitigen Umstellung Ihres Speisezettels (Erhöhung des Gemüse-, Getreide- und Obstanteils) wird „Bio" auch für jedermann/frau leistbar.

Preise für Bio-Produkte: Der Landesverband Salzburg von „Ernte für das Leben" gibt für die Direktvermarktung folgende Preisempfehlungen: Weizen (1,1 Euro/kg), Dinkel (2,2 Euro/kg), Eier (bis zu 0,3 Euro/Stück), Milch (ca. 1 Euro/Liter); der Aufpreis der Molkereien für Bio-Milch liegt bei 6-7 Cent/Liter), Fruchtjoghurt (1,5 Euro/400 ml), Rindfleisch ohne Knochen (7,3 Euro/kg), Schnitzel (16 Euro/kg), Truthahn (7,5 Euro/kg). Die Preise für Bio-Fleisch in Supermärkten liegen 10-20 Prozent über denen von Nicht-Biofleisch. *(Schriftliche Mitteilung 14.4.2000, Euro-Umrechnung durch H.H.)*

Die Preisunterschiede ergeben sich aus den unterschiedlichen Ertragsbedingungen.

---

1 Die Umweltsituation Österreichs. 5. Umweltkontrollbericht. 1998. S. 329
2 ebd. S. 330
3 ebd. S. 330
4 Salzburger Nachrichten, 17.4.1999. 1999 sind jedoch insbesondere in Tirol und der Steiermark wieder Biobauern auf konventionellen Betrieb umgestiegen, sodass der gegenwärtige Stand auf etwas über 19.000 Betriebe geschätzt wird. (Salzburger Nachrichten, 12.2.2000)
5 Ökologie & Landbau 122, 2002, S. 2.
6 Pressemitteilung von SÖL und IFOAM zur Studie: Ökologische Agrarkultur weltweit 2002. SÖL-Sonderausgabe nr. 74. 2002.
7 Mehrere Quellen, zit. n. Globalisierung in der Speisekammer. Auf der Suche nach einer nachhaltigen Ernährung. Hrsg. Öko-Institut e.V. , Freiburg, 1999. Bd. 1, S. 115
8 Josef Zach: Die Bio-Milch und ihre Märkte. In: Ernte. Zeitschrift für Ökologie und Landwirtschaft. 1/2000, S. 16
9 Salzburger Nachrichten, 17.4.1999
10 Informationen auf Internet erhält man unter: Spar online: www.spar.at; Billa online: www.janatuerlich.at. Der Österreichische Verband Ernte für das Leben ist online zu finden unter www.ernte.at, die deutsche Stiftung Ökologie und Landbau unter www.soel.de;
11 Christian Salmhofer, Andreas Strasser: Klimaschützer Bio-Bauer. In: Ernte. Zeitschrift für Ökologie und Landwirtschaft. 1/2000, S.20
12 Greenpeace Magazin 2/99: Lebensmittel von der Stange. S.16-27
13 Ludwig Maurer: Der Bio-Konsument. Klosterneuburg: Österr. Agrarverlag, 1996. Ökozeichen in Österreich. AK Wien, 1998.
14 Christian Salmhofer, Andreas Strasser: Klimaschützer Bio-Bauer, Klimabündnis-Rundbrief 1/2000, S.4f
15 Sabine Ferenschild u.a.: Weltkursbuch - Globale Auswirkungen eines „zukunftsfähigen Deutschlands". Berlin: Birkhäuser, 1997, S. 57
16 Die Studie kann beim Öko-Institut, PF 6226, D-79038 Freiburg, www.oeko.de, bestellt werden. Zit. n. punkt.um. Der monatliche Umweltinformationsdienst. 7-8/2001, S. 7.

TIPP 10: Kleider, die Moden überstehen

Kaufen Sie nur Textilien, die Sie lange, gerne und mit gutem Gewissen tragen können.

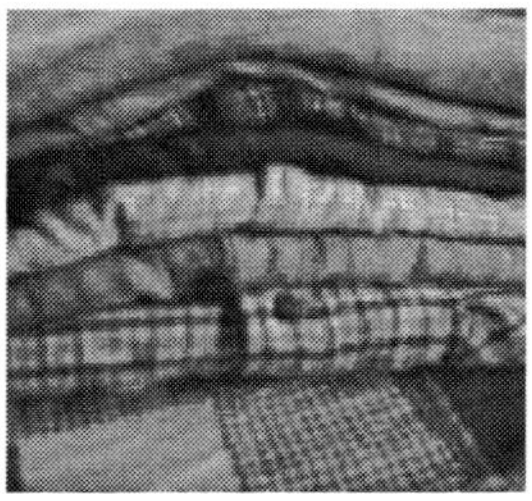

Zuviel Gewand, das meist selten angezogen wird - gerne und häufig trägt man ja nur Lieblingssachen, die wirklich passen - bedeutet nicht nur überfüllte Kleiderschränke, sondern auch enormen Umweltverbrauch.

Ein gut gekleideter Österreicher „besetzt" für seinen alljährlichen Baumwollbedarf an die 130 Quadratmeter eines Baumwollfeldes.

Der beliebteste Stoff für Textilen ist noch immer Baumwolle. Ihr Anbau ist in der Regel aber alles andere als ökologisch. Hoher Pestizideinsatz und Wasserverbrauch belasten die Ökosysteme der Exportländer. Alternativen sind gefordert.

Der jährliche ***Verbrauch an Textilien*** liegt in Österreich bei rund 15 Kilogramm pro Person und somit etwa 10 mal höher als in den Ländern der Dritten Welt. Und auch bedeutend höher als bei uns vor 20 Jahren.[1] Zuviel Gewand, das meist selten angezogen wird - gerne und häufig trägt man ja nur Lieblingssachen, die wirklich passen - bedeutet jedoch nicht nur überfüllte Kleiderschränke, sondern auch enormen Umweltverbrauch.

Rund die Hälfte unserer Textilien besteht aus ***Baumwolle.*** Für ein Kilo Baumwolle braucht man ca. 18 Quadratmeter ***fruchtbaren Boden***. Das heißt: Ein(e) gut gekleidete/r Österreicher/in „besetzt" für seinen alljährlichen Baumwollbedarf an die 130 Quadratmeter eines Baumwollfeldes. Alle ÖsterreicherInnen benötigen – hochgerechnet - damit an die 9000 Quadratkilometer fruchtbaren Boden, um sich modisch einzukleiden. Weltweit sind für die Baumwollproduktion 300.000 Quadratkilometer bester landwirtschaftlicher Nutzfläche „reserviert". Nur ein Drittel der Ernte wird zu Fasern gesponnen, aus dem Rest entstehen Zellulose und Papier.[2]

Baumwolle ist eine sehr anspruchsvolle Pflanze und muss intensiv bewässert werden. Hoher ***Pestizideinsatz*** zerstört die Böden – 10 Prozent des weltweiten Pestizid- und Düngermittelverbrauchs der Welt gehen auf das Konto der Baumwollproduktion.[3] Der enorme ***Wasserverbrauch*** führt zu Versalzung und Wasserknappheit.

Zwei Beispiele: In ***Usbekistan***, rund um den Aralsee, wo eines der größten Baumwollanbaugebiete der Welt liegt, findet eine permanente Umweltkatastrophe statt. Zur Bewässerung wurden die beiden Zuflüsse des Aralsees angezapft. Der Wasserspiegel dieses viertgrößten Binnenmeeres der Welt ist seit 1960 um 13 Meter gesunken, seine Fläche um fast 50 Prozent geschrumpft. Die Böden sind durch Kunstdünger und Pestizideinsatz verseucht und versalzt. Kein einziger Fisch lebt mehr in dem Gewässer.

In der größten Baumwollplantage der Welt, im Gebiet von Gezira im ***Sudan***, wurde die einheimische Bevölkerung aus den fruchtbaren Ebenen in die unfruchtbaren, ökologisch äußerst sensiblen Randgebiete vertrieben. Durch den übermäßigen Einsatz von Chemie nimmt die Bodenfruchtbarkeit ab, Schädlinge werden immer resistenter. Verringerte Erträge werden durch ausbeuterische Bedingungen für die PlantagenarbeiterInnen „wettgemacht". 50 bis 60 Arbeitsstunden pro Woche sind üblich, ebenso mangelnde Sicherheitseinrichtungen, Kinderarbeit und Schädigungen durch Gifte: Nach Schätzungen sterben weltweit 28.000 Menschen im Jahr an den direkten Folgen der bei Baumwollanbau und -verarbeitung eingesetzten Chemikalien.[4]

Sollten wir also auf Baumwolle generell verzichten und auf synthetische Kleider umsteigen oder zu heimischen

Stoffen zurückkehren? Auch für ***Schafwolle*** werden Weideflächen beansprucht. Und heimische Pflanzenfasern wie Hanf oder Leinen verbrauchen ebenso Anbaufläche und Energie. ***Kunstfasern*** „verbrauchen" zwar keine Ackerflächen, sind jedoch weniger hautverträglich und weisen einen noch höheren Energieverbrauch auf. Für 1 Kilogramm Polyestergewebe ist etwa doppelt soviel Energie nötig wie für die Produktion von 1 Kilogramm Baumwollstoff: 7,7 statt 3,7 Kilogramm CO_2 werden dabei freigesetzt.[5]

Es geht daher um ***bewussten Textilienkonsum.*** Qualitätskleider aus Leinen sind wieder im Kommen. Kleider aus Hanf gibt es zumindest bislang nur in einschlägigen Fachgeschäften.[6] Neben ***heimischen Bio-Fasern*** sind auch Textilien aus ***organisch-biologisch angebauter Baumwolle*** sinnvoll. Die Arbeiterkammer führt in ihrem Verzeichnis „Ökozeichen in Österreich" zehn ***Gütesiegel für Ökotextilien*** an, denen man trauen kann. So garantiert etwa „Green Cotton" zumindest Bauwolle ohne Einsatz von Entlaubungsmitteln, „Naturtextil" sichert Rohstoffe aus kontrolliert biologischem Anbau sowie ökologische und sozialverträgliche Faserverarbeitung zu.[7] Denn Vorsicht: Die Angabe „100 Prozent Baumwolle" am Etikett Ihrer Kleider besagt noch nicht, dass darin keine Chemie enthalten ist. Sie bezieht sich nur auf den Textilrohstoff. Nach dem Gesetz dürfen aber in der Verarbeitung bis zu 30 Prozent Chemikalien beigegeben werden.[8]

Mit ***Biobaumwolle*** fördern Sie eine für die PlantagenarbeiterInnen verträgliche und die Böden schonende Herstellungsweise der Baumwolle. Einziges Problem: Von den 20 Millionen Tonnen Welternte werden gegenwärtig nur 2000 Tonnen nach ökologischen Kriterien angebaut. Die Menschen nur mit Öko-Baumwolle zu kleiden wird so bald nicht möglich sein, denn organisch-biologisch angebaute Baumwolle kann nur mit der Hand geerntet werden, während für die maschinelle Ernte chemische Entlaubungsmittel eingesetzt werden.[9] Der ***Textilienkonsum*** müsste bei einer Biologisierung daher drastisch eingeschränkt werden.

Nachhaltiger Textilkonsum bedeutet also ***Qualität statt Quantität.*** Wenn Sie auf Qualität achten und gleich viel Geld für die halbe Menge Kleider ausgeben, dann helfen sie fruchtbaren Boden zu sparen, Bodenzerstörung durch Chemieeinsatz zu verringern und sozialere Arbeitsbedingungen durchzusetzen, auch wenn Gütezeichen für fair produzierte Kleider erst geschaffen werden müssen *(s. Tipp 11)*.

10 Prozent des weltweiten Pestizid- und Kunstdüngereinsatzes gehen auf das Konto der Baumwollproduktion. Bei einem Vollumstieg auf Bio-Baumwolle müssten wir freilich unseren Textilkonsum deutlich reduzieren.

---

1 Dan Jakubovicz: Genuss und Nachhaltigkeit. Handbuch zur Veränderung des persönlichen Lebensstils. Wien: Promedia, 2000. S. 50
2 Christian Salmhofer: Kleider machen Leute. Über die sozialen und ökologischen Folgen der Baumwollproduktion. In: Umwelterziehung 1c/1996, S. 21
3 Carolin Baedeker u.a.: MIPS für KIDS. Zukunftsfähige Konsum- und Lebensstile als Unterrichtsprojekt. München: ökom-Verlag, 2001, S.24
4 ebd. S. 21f, Jakubovicz S. 53f
5 Jakubovicz (Anm. 1) S. 52
6 Das vom Österreichischen Hanf-Institut herausgegebene „Hanf-Magazin" informiert über Produktions- und Vertriebsnetze.
7 Ökozeichen in Österreich. AK Wien, 1998, S. 15ff; vgl. auch: 338 x richtig gewählt. Produkte mit dem Österreichischen Umweltzeichen. Broschüre des Österreichischen Umweltministeriums. o. J.
8 Jakubovicz (Anm. 1) S.52
9 Salmhofer (Anm. 2) S. 22

TIPP 11: Saubere Kleider für anständige Löhne

Unterstützen Sie die Kampagne für faire Arbeitsbedingungen in den Textilfabriken der Dritten Welt.

Das Etikett oder die Marke sagen nichts darüber aus, wo und unter welchen Bedingungen die Kleider produziert wurden.

Textilien waren – so scheint es – nie so billig wie heute. Den Preis zahlen jedoch die LandarbeiterInnen in den Baumwollplantagen sowie die Näherinnen in den Textilfabriken, die in Billiglohnländer Lateinamerikas und Asiens ausgelagert wurden.

Die Herstellung von Kleidern ist sehr arbeitsintensiv und nur bedingt automatisierbar. Zum anderen weisen Kleider ein sehr geringes spezifisches Gewicht auf. Beides prädestinierte die Verlagerung der Textilproduktion in Billiglohnländer Asiens, Lateinamerikas oder Osteuropas. Die Textilindustrie wurde somit zur klassischen ***Globalisierungsbranche***. „Die ideale Textilfabrik ist auf einem Schiff, das immer dort anlegt, wo die Löhne gerade am niedrigsten sind", so bringt es ein deutscher Textilindustrieller auf den Punkt.[1]

Das Etikett oder die Marke sagen nichts darüber aus, wo die Kleider produziert wurden. Es ist durchaus wahrscheinlich, dass der Anbau der Baumwolle, die Herstellung der Stoffe, das Zusammennähen der Kleider, das Einnähen der Knöpfe sowie der Etiketten in jeweils verschiedenen Ländern stattfinden.

Textilindustrie: Weltweit sind derzeit an die 28 Millionen Menschen in der Textilbranche beschäftigt, 11 Millionen davon allein in Asien. Nur 1-4 Prozent der Handelsspanne machen die Löhne aus, etwa 50 Prozent gehen an den Textilhandel. Bedeutend ist aber auch das Tempo der Produktivitätssteigerung: Seit Beginn des industriellen Zeitalters um 1750 hat sich der Aufwand an menschlicher Arbeit, um Garn oder Gewebe herzustellen, alle 75 Jahre um einen Faktor 10 reduziert. Unser Textilhunger hat aber seine Schattenseiten. *(n. Monika Balzer: Gerechte Kleidung, 2000, s. Anm. 1)*

Welchen Weg könnte Ihre Jean, die Sie vielleicht soeben gekauft haben, zurückgelegt haben? Die Hose könnte zuletzt in Griechenland mit Bimsstein bearbeitet worden sein, nachdem sie auf den Philippinen zusammengenäht worden ist. Das Innenfutter könnte aus Frankreich gekommen sein, die Knöpfe aus Italien. Der Stoff wurde möglicherweise in Polen verwebt und vorher in China mit einer Schweizer Maschine gesponnen. Die Baumwolle dafür kam wahrscheinlich aus einer der endlosen Monokulturplantagen in Kasachstan oder im Sudan. Und das Schnittmuster wurde möglicherweise elektronisch von Deutschland in die Konfektionsfabrik auf den Philippinen übermittelt. Wahnsinn, denken Sie vielleicht, aber das ist Realität.[2]

Rund ***90 Prozent*** der bei uns in Handelshäusern verkauften Kleider werden in ***Textilfabriken*** Südostasiens, Mittelamerikas oder Osteuropas hergestellt. An die 80 Prozent der Beschäftigten sind Frauen im Alter von 14 bis 25 Jahren, die nicht nur für Hungerlöhne arbeiten, sondern bislang auch kaum gewerkschaftlich organisiert sind. Sie sitzen in engen, muffigen Werkhallen und nähen, nicht selten 12 Stunden am Tag, sechs Tage in der Woche, bei guter Auftragslage auch sieben.[3]

Ein Beispiel: Der durchschnittliche Tageslohn einer Textilarbeiterin in Österreich oder Deutschland beträgt 50 Euro. Dafür bekommt sie im Supermarkt 23 Kilogramm Huhn. Der Mindestlohn einer philippinischen Schuharbeiterin beträgt pro Tag 175 Philippinische Pesos. Damit kann sie 2 Kilo Huhn, das

Kilo zu 80 Pesos, einkaufen.[4] Gewerkschaften sind offiziell zwar nicht verboten. Streiks aber häufig schon. Und vor allem: GewerkschaftsaktivistInnen werden meist sanktionslos gekündigt.

Dass Textilien und Schuhe bei uns so billig sind, hängt also damit zusammen, dass die Näherinnen in den ***Weltmarktfabriken*** Guatemalas, Indiens oder Rumäniens für Hungerlöhne und unter Missachtung von Mindeststandards (Arbeitszeiten, soziale Absicherung usw.) arbeiten.

In den Hauptkonsumländern entstandene NGOs setzen sich nun für die Einführung sozialerer Arbeitsbedingungen, das Recht auf gewerkschaftliche Organisierung sowie das Verbot von Kinderarbeit und Diskriminierung der Textilarbeiterinnen am Arbeitsplatz ein. Die auch in Österreich aktive ***Clean Clothes Campaign*** hat eine öffentliche Diskussion und das Erlassen von Verhaltenscodices durch Textilhandelsketten wie C & A oder H & M bewirkt.[5] Gekämpft wird um unabhängige Kontrollen und ein permanentes Monitoring der Textilfabriken.[6]

Doch noch weigern sich die Konzerne, sich unabhängigen Kontrollen zu unterziehen. US-Universitäten, deren Studierende gegen die Ausbeutung von Arbeitern in Nikefabriken protestierten, wurden umgehend die Sponsormittel für den Universitätssport gestrichen.[7]

Nachhaltiger Textilkonsum achtet daher nicht nur auf ökologische Qualität *(s. Tipp 10)*, sondern allem voran auch auf die ***Arbeitsbedingungen***, unter denen die Kleider hergestellt wurden. Noch gibt es keine Gütesiegel für fair produzierte Kleider, bestimmte Marken garantieren aber auch soziale Arbeitsbedingungen für die Textilarbeiterinnen.[8]

Informieren Sie sich über die ***Clean Clothes Campaign*** und unterstützen Sie deren Aktionen. Fragen Sie in Ihrem Kleiderfachgeschäft oder bei der Geschäftsführung Ihrer Textilhandelskette nach den sozialen Bedingungen, unter denen die Kleider, die Ihnen gefallen, hergestellt wurden, ehe Sie diese kaufen. Denn: Kritische KonsumentInnen, denen nicht gleichgültig ist, wer für Sie unter welchen Bedingungen gearbeitet hat, sind der wichtigste Beitrag für weltweit gerechtere Arbeits- und Handelsbeziehungen.

Sportschuhe: Auch Sportschuhe der großen Firmen wie Adidas oder Nike werden zum überwiegenden Teil in Billiglohnfabriken des Südens gefertigt. Doch wer verdient am teuren Markenschuh? Die Hälfte des Preises eines 95 Euro teuren Nikeschuhs geht an den Einzelhandel, der davon natürlich Nebenkosten wie Gebäudemieten, Löhne für die Verkäuferinnen u.a. berappen muss. Bedeutender ist folgende Kluft: Das Material für den Schuh kostet etwa 7 Euro, für seine Bewerbung wird aber ebenso viel ausgegeben. Der Lohn für diejenigen, die den Schuh produziert haben, beträgt nur 35 Cent, der Gewinn für Nike hingegen 13 Euro, der für den Subunternehmer immerhin noch 2 Euro. Würde Nike das Budget für Werbung und Promotion nur um 3,5 Prozent senken, könnte die Firma das Gehalt aller ArbeiterInnen in den Nike-Schuhen produzierenden Unternehmen in China und Indonesien verdoppeln. *(n. „Weltumspannend arbeiten", Ausstellung des ÖGB Oberösterreich)*

Die Gewinne machen ein Vielfaches der Löhne aus. Riesensumme werden in die Werbung gepumpt.

---

1 Zit. n. Monika Balzer: Gerechte Kleidung. Fashion Öko Fair. Ein Handbuch für Verbraucher. Stuttgart u.a.: Hirzel, 2000.

2 Kleidung aus der Weltfabrik. Die Auswirkungen der Globalisierung auf die internationalen Arbeitsbedingungen. Südwind, 1999, S. 2

3 Ebd. S. 3

4 Nach der Ausstellung "Weltumspannend arbeiten" des OÖ Gewerkschaftsbundes.

5 Clean Clothes Campaign, Berggasse 7, 1090 Wien. www.cleanclothes.at. Für Europa: www.cleanclothes.org.

6 Bettina Musiolek (Hg): Gezähmte Modemultis. Verhaltenskodizes: ein Modell zur Durchsetzung von Arbeitsrechten? Eine kritische Bilanz. Frankfurt u.a.: Brandes & Apsel, 1999.

7 Zit. n. Salzburger Nachrichten, 8.5.2000.

8 Deux Pièces. Das spezielle Modeheft. Mit einer aktuellen Marktübersicht über Labels, Marken, Kollektionen. Hg. v. der Erklärung von Bern und dem WWF Schweiz. Zürich, 1999. Vgl. auch http://www.cleanclothes.ch. Die Clean Cloth Campaign hat mittlerweile ein fair produziertes Baumwoll-T-Shirt auf den Markt gebracht. Bestellung s. Anm. 5

TIPP 12: Wohnen im Verbund

Mit der Entscheidung für eine Wohnung statt einem Haus sparen Sie nicht nur Zeit, Geld und Nerven, sondern auch Heizkosten und Baumaterialien. Der Flächenverbrauch nimmt ab und die Chance zu neuen, sozialen Kontakten zu.

65 Prozent der in den letzten 30 Jahren in Österreich gebauten Neubauwohnungen waren freistehende Einfamilienhäuser.

Österreich ist noch immer ein Land der Häuselbauer. Der Trend zum Häuschen im Grünen hat aber seinen Preis: Er führt zur Zersiedlung und zu hohen Infrastrukturkosten für Länder und Gemeinden. Wohnen im Verbund ist aber nicht nur ökologischer, sondern auch kostengünstiger und vielleicht auch spannender.

Mit der Verstädterung hat zwar die Zahl der Menschen, die in Miet- oder Eigentumswohnungen leben, zugenommen. Noch ist Österreich aber ein ***Land der Häuslbauer***. Der Trend zu Einfamilienhäusern ist ungebrochen. 75 Prozent der ÖsterreicherInnen haben laut Umfragen den Wunsch nach einem eigenen Haus. Erklärt wird dies mit dem Bedürfnis nach Privatheit und Separierung, um sich eine emotionelle Ruhepause vom Rollenverhalten in Beruf und Öffentlichkeit zu verschaffen. Ebenso bedeutend ist aber für viele das Bedürfnis, etwas „Eigenes" zu schaffen und selber mit Hand anlegen zu können.[1]

Flächenverbrauch in Deutschland: 120 Hektar Fläche, das entspricht umgerechnet circa 170 Fußballfeldern, gehen derzeit in Deutschland täglich für Bauten, Industrieareale und Infrastrukturversiegelungen „verloren". Maßgeblich beteiligt daran sind trotz des stagnierenden Bevölkerungszuwachs die Wohntrends: Günstige(re) Grundstückspreise in den Randgebieten der Städte führen dort zu einer immer noch starken Bauentwicklung und verursachen durch die weite Trennung von Wohnen und Arbeit eine Zunahme des Verkehrs. Hinzu kommt, dass sich die Wohnraumfläche pro Person in den letzten 20 Jahren fast verdoppelt hat. *(Quelle: Umweltakademie Baden-Württemberg, Presseerklärung v. 8.6.2001).* Die Übertragung der deutschen Zahlen – ein wegen der selben Trends durchaus zulässiger Vorgang - ergäbe für Österreich einen täglichen Flächenverbrauch von 20-25 Hektar.

Und die meisten ÖsterreicherInnen realisieren ihren Traum auch: 65 Prozent der in den letzten 30 Jahren in Österreich gebauten Neubauwohnungen waren - so eine Studie der Österreichischen Raumordnungskonferenz - freistehende ***Einfamilienhäuser***. Ein großes Problem stellt dabei die Ausuferung der Siedlungslandschaft dar. Während im gewachsenen Ort 40 bis 50 Prozent der Baulandreserven unverbaut blieben, wurde an den Ortsrändern exzessiv gebaut.[2]

Die Zersiedelung durch Einfamilienhäuser erhöht aber auch die ***Infrastrukturkosten*** für Straßen, Wasserleitungen, Kanalisation usw. Rund 200.000 Schilling (14.500 Euro) fallen durchschnittlich bei einem freistehenden Einfamilienhaus allein für Straße sowie für Wasserver- und -entsorgung an. Nur 37 Prozent der Kosten trägt der Häuslbauer, den Rest zahlen Land (47 Prozent) und Gemeinde (16 Prozent). Durch bodenpolitische Maßnahmen und verstärkte Bewusstseinsbildung wären - so die ÖROK-Studie – Infrastrukturkostensenkungen um 15 Prozent bis zum Jahr 2010 möglich.[3]

Wir wohnen sehr flächenintensiv: In den letzten zwanzig Jahren hat – so warnt das österreichische Umweltbundesamt - die Fläche, die in Österreich für Verbauung genutzt wurde, um fast 500 Quadratkilometer zugenommen, was einem Zuwachs von einem Drittel entspricht. Je EinwohnerIn wurden somit mehr als 60 Quadratmeter an Bauland verbraucht. Würde sich dieser Trend fortsetzen (was natürlich nur eine theoretische Annahme ist), wäre Österreich in 300 Jahren zugebaut und es gäbe keinen Platz mehr für landwirtschaftliche Nutzung.[4]

Der starke ***Flächenverbrauch*** für Siedlungszwecke hängt selbstverständlich auch mit den generell gestiegenen Wohnansprüchen zusammen. Die derzeit 8 Millionen in Österreich lebenden Menschen wohnen in ca. 3,24 Millionen Haushalten. Das heißt im Durchschnitt leben 2,5 Personen in einem Haushalt.[5]

Die Entwicklung der letzten Jahrzehnte zeigt folgendes Bild: Während die Zahl der Personen pro Haushalt kontinuierlich abgenommen hat, ist die ***durchschnittliche Wohnfläche*** pro Person permanent gestiegen und liegt derzeit bei 50-60 Quadratmeter pro Person.

Das „Haus im Grünen" ist nicht nur am flächenintensivsten, sondern auch am meisten ***autozentriert***. Während verdichteter Wohnbau zum Beispiel laut Salzburger Landesentwicklungsprogramm nur mit einem Anschluss an das öffentliche Verkehrsnetz möglich ist, gilt dies für Flächenwidmungen für Einfamilienhäuser nicht.[6] Zudem ist öffentlicher Verkehr nur in Regionen mit einer entsprechenden Siedlungsdichte rentabel.

Die Mehrzahl der Menschen in Österreich wohnt ***nicht in kompakt verbauten Gebieten***: Nur 40 Prozent der insgesamt 3,24 Mio. Haushalte liegen in dicht besiedeltem Gebiet, 25 Prozent in Gebiet

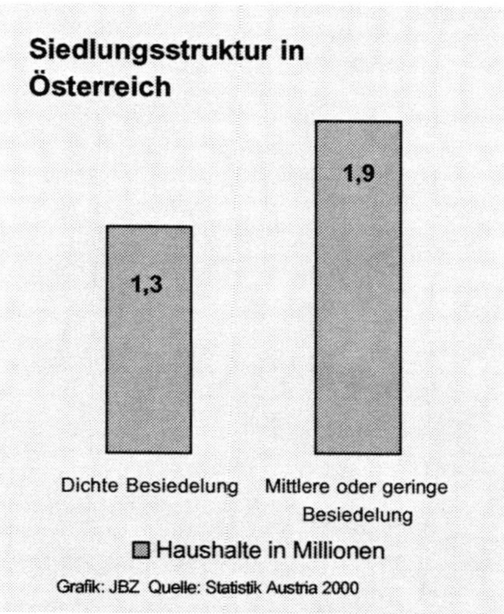

Grafik: JBZ Quelle: Statistik Austria 2000

Nur 40 Prozent der österreichischen Haushalte liegen in dicht besiedeltem Gebiet

mit mittlerer Besiedelungsdichte und 35 Prozent sogar in gering besiedeltem Gebiet.[7] Drei Viertel aller Haushalte besitzen (mindestens) ein Auto. In gering besiedelten Gebieten sind es aber über 80 Prozent, in dichtbesiedelten Gebieten „nur" 67 Prozent. Wenn auch der ***Trend zum Zweitauto*** insgesamt anhält, so ist er in den gering besiedelten Gebieten mit 35 Prozent der Haushalte mehr als doppelt so hoch wie in dicht besiedelten Gebieten, wo nur 14 Prozent der Haushalte über einen Zweitwagen verfügen.[8]

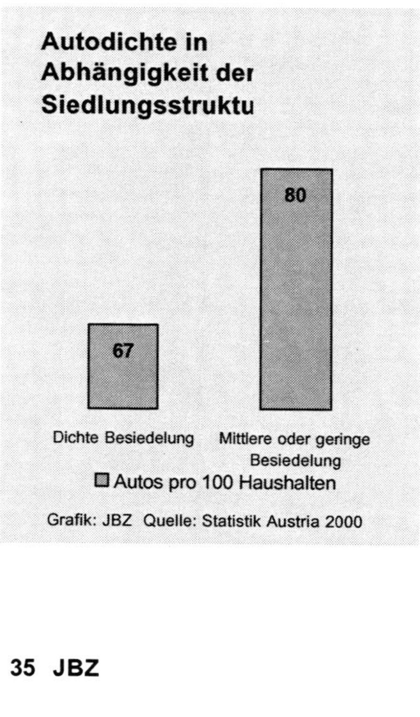

Grafik: JBZ Quelle: Statistik Austria 2000

Haushalte in dicht besiedeltem Gebiet haben um 13 Prozent weniger Autos als jene in gering besiedelten Zonen.

Der Wunsch nach einem „Haus im Grünen" kann sehr schnell zur Falle werden. Wie bei allen ***„positionellen Gütern"*** sinkt der Wert, je mehr Menschen dieses Gut beanspruchen. Viele Häuser im Grünen ergeben eine Siedlung, die das Grün erheblich reduzieren. Die BewohnerInnen dieser Häuser brauchen Zufahrtswege, was das Grün nochmals schmälert. Und sie fahren täglich mit dem Auto zur Arbeit oder zum Einkaufen und verursachen damit Staus, die wiederum die Lebensqualität verringern. Das Wohnen in der Stadt mit fußläufiger Entfernung zu einem Erholungsgebiet in Stadtnähe kann somit ***mehr Grün*** bedeuten als das eigene „Haus im Grünen".

Ein wesentlicher Vorteil verdichteten Wohnbaus liegt in der ***höheren Energie-***

Werden mehrere Wohnungen in einer Gebäudehülle untergebracht, so sinkt - bei sonst gleichem technischen Baustandard - der Energiebedarf für Heizen um ca. 20 Prozent.

Wohldosierte Gemeinsamkeit als gute Mischung zwischen Privatheit und Nachbarschaft.

effizienz. Denn der Wärmeverlust korreliert mit dem Verhältnis der Wohnfläche bzw. des zu beheizenden Raumvolumens zu den Außenflächen. Werden mehrere Wohnungen in einer Gebäudehülle untergebracht, so sinkt - bei sonst gleichem technischen Baustandard (Wärmedämmung, Ausrichtung zur Sonne usw.) - der Energiebedarf für Heizen um ca. 20 Prozent.[9]

Wohnprojekte fördern zudem eine gute Mischung zwischen Privatheit und Nachbarschaft im Sinne „wohldosierter Gemeinsamkeit“[10]. Nicht nur Kinder schätzen lebendige Spielplätze, auch für Erwachsene können sich sinnvolle Kontaktmöglichkeiten ergeben - sei es durch gemeinsame Sommerfeste, regelmäßige Haustreffen oder auch nur durch Zufallskontakte im Innenhof. Soziale Orte, an denen Menschen einander treffen können, werden angesichts zunehmender Vereinsamungstendenzen als Folge eines überzogenen Individualismus immer wichtiger.

Der Wohnbereich als zentraler Lebensmittelpunkt aller Menschen kann hier ein neuer Anknüpfungspunkt werden. Angesichts der Pluralisierung der Lebensformen sowie der Familienstrukturen könnten die Wohnquartiere zu neuen, sinnvollen „Keimzellen eines nachhaltigeren Lebens“ werden und als solche auch Impulsgeber für die viel beschworene Zivil- oder Bürgergesellschaft.[11]

Mittlerweile gibt es eine breite Vielfalt an alternativen Wohnformen, so etwa autofreie bzw. autoarme Siedlungen, gemeinschaftliche Wohnprojekte von Jung und Alt u.a.m.[12]

Nachhaltiges Wohnen ist nicht nur eine Frage ökologischer Standards, sondern auch eine der sozialen Bedürfnisse. Wenn Sie vor der Entscheidung stehen, eigenen Wohnraum zu schaffen, reflektieren Sie ihre Vorstellungen von guter Wohnqualität. Diskutieren Sie diese mit Freunden, prüfen Sie die Vor- und Nachteile unterschiedlicher Wohnformen und hinterfragen Sie ihren Wunsch nach einem Einfamilienhaus. Womöglich entdecken Sie Qualitäten, die Ihnen das „Wohnen im Verbund“ mit anderen bieten könnte.

Selbstverständlich ist auch die ***Politik gefordert***, Leben in den Städten wieder attraktiv zu machen. Immerhin verbringen wir in gemäßigten Klimazonen 80-90 Prozent der Lebenszeit in Innenräumen, über 50 Prozent in unseren Wohnungen.[13] Städte brauchen nicht nur wieder mehr einladende Plätze und öffentliche Räume, sondern auch lebensfreundliche Wohnquartiere sowie eine drastische Verringerung des Kfz-Verkehrs und des Lärms und Gestanks, den dieser erzeugt *(s. Tipps 18-20).*

---

1 Dietmar Kanatschnig, Gerlind Weber: Nachhaltige Raumentwicklung in Österreich. Studie im Auftrag des BMUJF. Wien 1999, S. 87.
2 Siedlungsstruktur und öffentliche Haushalte. Hg. v. der Österreichischen Raumordnungskonferenz (ÖRÖK), Wien 1999, S. 86ff
3 Siedlungsstruktur (Anm. 2) S. 92
4 Umweltbundesamt (Hg): Umweltsituation in Österreich. 5. Umweltkontrollbericht. Wien 1998, S. 311ff
5 Zit. n. Statistik Austria 2000
6 Salzburger Landesentwicklungsprogramm. Grundsätze und Leitlinien. 1994, S. 63
7 Konsumerhebung 1999/2000 von Statistik Austria, zit. n. www.statistik.at/ konsumerhebung/auto
8 ebd.
9 Dan Jakubovicz: Genuss und Nachhaltigkeit. Wien: Promedia, 2000. S. 72
10 ebd.
11 Carsten Sperling (Hg.): Nachhaltige Stadtentwicklung beginnt im Quartier. Ein Praxis- und Ideenhandbuch für Stadtplaner, Baugemeinschaften, Bürgerinitiativen am Beispiel des sozial-ökologischen Modellstadtteils Freiburg-Vauban. Freiburg/Br.: Öko-Inst., 1999.
12 Zu ersterem vgl. Wolfgang Christ, Willi Loose: Städtebauliche und ökologische Qualitäten autofreier und autoarmer Stadtquartiere. Bauhaus-Universität Weimar, Ökoinstitut Darmstadt, 2001. Zum Wohnen von Jung und Alt: Rotraut Weeber u.a.: Gemeinschaftliches Wohnen im Alter. Stuttgart: Fraunhofer IRB-Verl., 2001.
13 Zit. n. Umweltbundesamt: Ziele für Umweltqualität. Berlin: Erich Schmidt, 2000, S. 100.

TIPP 13: Nachhaltiges Bauen

Bauen und Wohnen sind der materialintensivste Bereich in unserem Leben. Nachhaltiges Bauen mit nachwachsenden Rohstoffen ist daher ein Zukunftsgebot der Stunde.

In einer Minute wächst in Österreichs Wäldern soviel Holz nach, wie für zwei Holzhäuser gebraucht wird. Holz ist CO_2-neutral, leicht zu verarbeiten und problemlos zu entsorgen. Im Sinne nachhaltigen Bauens muss daher dem Rohstoff Holz, der auch für den mehrgeschossigen Wohnbau geeignet ist, zukünftig noch mehr Bedeutung zukommen.

Ob Sie sich für den Neubau eines eigenes Hauses entscheiden, ein Um- oder Ausbau ansteht oder der Kauf einer Eigentumswohnung – entscheidend für die ökologische Verträglichkeit sowie das Wohngefühl sind die Wahl der verwendeten Baumaterialien, die Qualität der Wärmedämmung, die Wahl der Heizungsform sowie – nicht zuletzt – die Ausrichtung der Wohnung, des Hauses oder Zubaus zur Sonne (passive Nutzung der Solarenergie).

Bauen und Wohnen sind der ***materialintensivste Bereich*** in unserem Leben. Mehr als die Hälfte des jährlichen Materialumsatzes, der in Österreich bei ca. 24 Tonnen pro Kopf liegt, fällt auf mineralische Stoffe, also im wesentlichen auf den Baubereich.[1] Auch wenn dieser Trend in der Zukunft zurückgehen wird – der Großteil des Wohnraums wurde in den letzten Jahrzehnten geschaffen – spielt eine große Rolle, mit welchen Materialien wir unsere Bauten errichten.

Der noch immer am weitesten verbreitete Baustoff für Wände sind ***Mauerziegel*** aus Ton. Ihnen wird Festigkeit sowie gute Speicherfähigkeit für Wärme nachgesagt. Die Verwendung von Tonziegeln liegt aber auch an eingefahrenen Gewohnheiten wie sehr festen regionalen Strukturen der Baustoffhersteller und des Baustoffhandels. Die Herstellung von Tonziegeln ist sehr energieintensiv, da Ton bei hohen Temperaturen gebrannt wird. Pro Quadratmeter Ziegelaußenwand (38 Zentimeter breite Mauerziegel, 6 Zentimeter Wärmedämmputz) wurden Emissionen an Kohlendioxidäquivalenten von 60-70 Kilogramm berechnet. Kalksandsteinziegel sowie Porenbetonsteine weisen bedingt bessere Energiewerte in der Herstellung auf (40-50 kg Kohlendioxidäquivalente pro Quadratmeter), insbesondere wenn sie in Verbindung mit Dämmmaterialien verwendet werden. Versuche zur ***Wiederverwendung*** von Altziegeln für Neubaustoffe gibt es zu allen drei Ziegelarten. Bislang verwendet wird jedoch nur Bruchmaterial im Tiefbau.[2]

Holz wird häufig als ökologischer Baustoff der Zukunft bezeichnet. Dies zurecht. Neben dem Einsatz für Dachstühle, Decken, Fenster, Türen und Treppen gewinnt der Einsatz dieses nachwachsenden Rohstoffs auch für Wandkonstruktionen immer mehr an Bedeutung. Holzsysteme eignen sich sehr gut für energiesparendes Bauen, da sie mit wenig Rohstoff auskommen und sich sehr leicht mit Dämmmaterialien verbinden lassen (Fachwerkbauweise), Holz als nachwachsender Rohstoff – bei nachhaltiger Bewirtschaftung – regional verfügbar und CO_2-neutral ist und nicht zuletzt problemlos entsorgt werden kann (Vorraussetzung für ein wirtschaftliches Recycling ist die leichte Demontierbarkeit der Bauteile und sortenreine Trennbarkeit der Baustoffe.)

Als großer Vorteil des Holzes gilt natürlich auch dessen leichte Verarbeitung, was etwa in der Herstellung von Fertig-

In einer Minute wächst in Österreichs Wäldern soviel Holz nach, wie für zwei Holzhäuser gebraucht wird.

Mehr als die Hälfte des jährlichen Materialumsatzes, der in Österreich bei ca. 24 Tonnen pro Kopf liegt, fällt auf mineralische Stoffe, also im wesentlichen auf den Baubereich.

Schonende Nutzung der Natur: Holz ist nicht nur CO_2-neutral (die nachwachsenden Wälder binden das Treibhausgas), es hat auch die kürzesten Transportwege vom Rohstofflieferanten zum Produkthersteller, wenn auf heimisches Holz zurückgegriffen wird. Und Holzbauweise ist ressourcenschonend: Die Gesamtmasse bei einem Massiv-Einfamilienhaus beträgt mindestens 120 Tonnen. Bei einem Holz-Einfamilienhaus nur 50 Tonnen, wobei die Masse ohne den Keller nur 20 Tonnen ausmacht. Holz wächst durch Sonnenenergie und verbraucht bei Gewinnung, Transport, Be- und Verarbeitung unter allen Baustoffen am wenigsten Energie. Mit der Energie, die ein Holzhaus bei der Errichtung weniger braucht als ein Haus aus gebrannten Ziegeln, kann man das Holzhaus 15 Jahre lang beheizen, falls es als Niedrigenergiehaus konzipiert und errichtet wurde. *(n. IG Holzbau, in: Handbuch Bauen und Wohnen. Land Salzburg, 2000, S. 164f)*

Die negativste Ökobilanz weist Beton auf. Aufgrund seines hohen spezifischen Gewichtes werden mineralische Ressourcen (Kies, Kalkmergel usw.) in großen Mengen verbraucht und durch den Zementanteil, der je nach Betonsorte unterschiedlich ist, entstehen auch nennenswerte Kohlendioxidemissionen.

teilhäusern genutzt wird.[3] Zur Verfügbarkeit des Rohstoffes Holz folgende Zahlen: In den Wäldern Österreichs wächst pro Sekunde ein Kubikmeter Holz. Ein durchschnittliches Einfamilienhaus in Fertigbauweise benötigt 30 Kubikmeter Holz. Das heißt, in einer Minute wächst der Bedarf für zwei Holzhäuser in heimischen Wäldern.[4] Als mögliche Nachteile von Holzhäusern sind die höhere Brandgefahr (gilt nicht für Massivholzbauweise) sowie die „Aufheizung" der Räume in längeren Hitzeperioden (bedingt durch die geringere Temperaturspeicherfähigkeit von Holz etwa gegenüber Ziegel) zu nennen.

Die ***Baubiologie*** empfiehlt hinsichtlich Materialienverwendung daher eine sinnvolle Verbindung von Holzkonstruktionen, natürlichen Dämmmaterialien *(s. Tipp 14)* sowie Ziegelwänden in jenen Bereichen, die der Temperaturspeicherung dienen. Ziegelwände hinter Glasfassaden speichern in den kalten Jahreszeiten die einfallende Sonnenenergie und in den heißen Monaten haben sie kühlende Wirkung.[5]

Die negativste Ökobilanz weist **Beton** auf. Aufgrund seines hohen spezifischen Gewichtes werden mineralische Ressourcen (Kies, Kalkmergel usw.) in großen Mengen verbraucht und durch den Zementanteil, der je nach Betonsorte unterschiedlich ist, entstehen auch nennenswerte Kohlendioxidemissionen. Wichtig für die Zukunft ist, Betonabbruchmaterial, das verstärkt anfallen wird, als Betonsplitt und damit Kiesersatz für die Herstellung neuen Betons zu verwenden.[6]

Die gesamten ***Baurestmassen*** ohne Bodenaushub ergeben in Österreich mehr als 26 Millionen Tonnen pro Jahr und machen etwa die Hälfte des gesamten österreichischen Abfallaufkommens aus. Mithilfe verbesserter Planungs- und Recyclingstrategien könnten bestehende Gebäude und Infrastrukturen als Baustofflager der Zukunft genutzt werden. Zur Zeit beträgt diese „Materialreserve" bereits 300 Tonnen pro EinwohnerIn und wächst jährlich um weitere acht Tonnen.[7]

Hinsichtlich der ***Ökobilanz der Materialien für Fenster und Türen*** sind keine eindeutigen Aussagen möglich. Nach bisherigen Analysen schneiden Holzfensterrahmen in der Herstellung ökologisch günstiger als PVC-Fensterrahmen ab, Aluminiumfensterrahmen weisen höhere Umweltbelastungen auf. Berücksichtigt man jedoch die Lebensdauer von Häusern, die mit 80 bis 100 Jahren angegeben wird, und den Nutzwert von Fenstern, so kann dies jedoch die Ökobilanzen verändern. PVC-Fensterrahmen sind als weitgehend industriell vorgefertigtes Produkt formstabil und weniger abhängig von Verarbeitungseinflüssen, z.B. Fehlern bei der Verarbeitung. Auch müssen sie nicht „gepflegt" (gestrichen) werden. Andererseits können Holzfenster in eingebautem Zustand repariert werden. Und bei entsprechender Pflege lässt sich ihre durchschnittliche Lebensdauer, die mit 40 Jahren angeben wird, auf bis zu 80 Jahre erhöhen. Bei schlechter Qualität des Holzes und Wartung kann die Lebensdauer aber beträchtlich sinken.

Mehrgeschossiger Holzbau: Holz war in früheren Jahrhunderten der am häufigsten verwendete Baustoff in den Alpen. Dabei wurde bis zu fünf Geschosse hoch gebaut. Nach 1870 gab es eine Trendwende. In der Gründerzeit bauten Unternehmer schlossähnliche Häuser, die wie ihre Vorbilder aus Stein sein mussten: die Villen entstanden. Mit ihnen wurde der Ziegel modern. In der Zeit des zweiten Weltkriegs wurde das Bauen mit Beton stark entwickelt. Diese Entwicklung hielt in der Zeit des Wiederaufbaus an und der Holzbau geriet zunehmend in Vergessenheit. Dies führte soweit, dass Bauen mit Holz durch die Bauordnungen der Länder stark eingeschränkt wurde. Die maximale Gebäudehöhe, die mit Holz erreicht werden durfte, war zwei, in manchen Bundesländern eineinhalb Stockwerke. Die Mängel der 60er Jahre–Bauten zeigen allerdings, dass Holz zu Unrecht diskriminiert wurde. Im modernen Holzbau wird mit viel neuem Wissen ein Wohnkomfort erreicht, der spürbar besser ist. In den Neuauflagen der Bauordnungen trug man dieser Erkenntnis Rechnung. In allen österreichischen Bundesländern entstanden daraufhin die ersten dreigeschossigen Häuser aus Holz, mittlerweile sind es über 60 Projekte. *(n. IG Holzbau, in: Handbuch Bauen und Wohnen. Land Salzburg, 2000, S. 170)*

Hinsichtlich der Entsorgung spielt bei PVC- und Alufenstern eine große Rolle, wie viel der verwendeten Materialien einer ***Wiederverwertung*** zugeführt werden können. Als ökologisch günstige, derzeit allerdings teure Variante bezeichnet das Deutsche Umweltbundesamt in Berlin Holz-Aluminium-Fenster, welche die materialbezogenen Vorteile für Holz in der Herstellungsphase mit denen einer beständigen, pflegeleichten Metalloberfläche für die Nutzungsdauer kombiniert.[8]

Neben Holzfenstern als Alternative zu PVC werden seit einigen Jahren auch Kunststofffenster auf Basis halogenfreier Kunststoffe angeboten. Das Ökoinstitut Freiburg bescheinigt dabei jedoch nur einer Ausführungsart Unbedenklichkeit, nämlich Fenstern auf Polyolefinbasis, die nicht nur halogenfrei sind, sondern auch aus Verpackungskunststoffen recycliert werden.[9]

Im Sinne nachhaltiger Entwicklung zu bedenken ist auch die ***Transportintensität*** des Baubereichs: Über die Hälfte der auf Österreichs Straßen transportierten Güter sind mineralische Rohstoffe und Baumaterialien. Auch wenn diese Transporte - anders als Maschinen oder Lebensmittel - in der Regel in der Nahregion stattfinden, ist deren ökologische Belastung nicht zu unterschätzen.[10]

Ob Sie ein neues Haus bauen oder ein altes renovieren bzw. umbauen – achten Sie auf baubiologisch einwandfreie Stoffe. Bei Renovierungen lassen sich Altprobleme wie Bleirohre, Kunstkleber, Eternitplatten entsorgen. Informieren Sie sich in einschlägigen Handbüchern sowie beim Baustoffhandel. Verwenden Sie – wo immer möglich – den nachwachsenden, leicht zu bearbeitenden und zu entsorgenden Rohstoff Holz und prüfen Sie, ob Altbauteile wie Fenster oder Türen einer Weiterverwendung zugeführt werden können.

Mithilfe verbesserter Planungs- und Recyclingstrategien könnten bestehende Gebäude und Infrastrukturen als Baustofflager der Zukunft genutzt werden.

---

1 Materialströme in Österreich. Bezugsjahr 1997. Zit. n. Gunter Sperka beim 6. Salzburger Klimagipfel, 31.3.2000

2 Carsten Sperling (Hg.): Nachhaltige Stadtentwicklung beginnt im Quartier. Ein Praxis- und Ideenhandbuch für Stadtplaner, Baugemeinschaften, Bürgerinitiativen am Beispiel des sozial-ökologischen Modellstadtteils Freiburg-Vauban. Freiburg/Br.: Öko-Inst., 1999, S. 107

3 ebd. S. 112 ff

4 Österreichische Landwirtschaftszeitung, 10.9. 1999

5 Manfred Fritsch: Handbuch für gesundes Bauen und Wohnen. Von Asbest bis Zentralheizung. München: Dt. Taschenbuch-Verlag, 1996.

6 Sperling (Anm. 2), S. 109ff

7 Henriette Gupfinger: Recycling für Häuser. In: Kontexte. Zeitschrift des Österreichischen Ökologie-Instituts, 1/2000, S. 13

8 Umweltbundesamt (Hg.): Umweltbewusst leben. Handbuch für den umweltbewussten Haushalt. Berlin, 1998, S. 269

9 Nachhaltige Stadtentwicklung (Anm. 2), S.114

10 Max Herry: Güterabwägung. Aspekte des LKW-Transports. In: Wirtschaft und Umwelt (AK) 3/99, S. 22

TIPP 14: Richtig gedämmt

Kosten sparen durch Wärmedämmung: Ob Neubau oder Renovierung - richtig gedämmt ist halb gewonnen.

In Österreich werden jährlich über 30 Mrd. Milliarden Schilling für Heizzwecke ausgegeben, das sind durchschnittlich 4000 Schilling pro Kopf. Ein beträchtlicher Teil dieser Energiekosten geht jedoch buchstäblich in den Wind: durch undichte, alte Fenster und schlecht isolierte Decken und Wände.

Der größte Teil der Energie im Bereich Wohnen geht für Heizzwecke auf. Wärmedämmung ist somit nicht nur ökologisch sinnvoll, sondern auch kostensparend. Die Frage ist nicht mehr, ob sondern nur mehr, wie am besten gedämmt werden soll.

Für den Bereich „Wohnen, Heizen, Beleuchtung" werden in den österreichischen Haushalten die meisten Ausgaben getätigt, nämlich fast ein Viertel des verfügbaren Einkommens (ohne Wohnungsausstattung).[1] Über 80 Prozent des gesamten Energieeinsatzes im Bedarfsfeld Wohnen werden in unserer Klimazone für die Beheizung der Räume eingesetzt.[2] In Österreich werden jährlich über ***30 Mrd. Milliarden Schilling (ca. 2, 18 Mrd Euro) für Heizzwecke*** ausgegeben, das sind durchschnittlich 4000 Schilling (ca. 280 Euro) pro Kopf.[3] Ein beträchtlicher Teil dieser Energiekosten geht jedoch buchstäblich in den Wind: durch undichte, alte Fenster und schlecht isolierte Decken und Wände.

Wärmedämmung ist jener Bereich, in dem mit vorausschauender Planung am meisten Energie und damit auch Geld gespart werden kann. Dies gilt für Neubauten ebenso wie für Renovierungen. Die Fenster und das Dach sind meist die größten Wärmelecks in Gebäuden, aber auch durch die Außenwände sowie durch den Fußboden zwischen Erdgeschoss und Keller geht Energie verloren.

Um den ***Dämm-Standard*** von Niedrigenergiehäusern zu erreichen, sind einer Studie der österreichischen Wärmedämmindustrie zufolge Investitionskosten von 142.000 Schilling (ca. 10.300 Euro) für ein Einfamilienhaus und 482.000 Schilling (ca. 35.000 Euro) für ein Mehrfamilienhaus notwendig. Diesen ***Investitionskosten*** steht aber ein Barwert der ersparten Heizkosten und vermiedener Luftschadstoffe über einen Zeitraum von 25 Jahren von fast 256.000 Schilling (ca. 18.500 Euro) beim Einfamilienhaus und von 1.097.000 Schilling (ca. 80.000 Euro) bei einem Mehrfamilienhaus gegenüber. Die jährliche Realverzinsung des eingesetzten Kapitals bewegt sich demnach zwischen 16 und 18 Prozent. Die Amortisationsdauer für die beiden Gebäudevarianten wird mit zwischen acht und zehn Jahren angegeben, die Einsparung an CO_2-Emissionen mit 113 Tonnen bei einem Einfamilienhaus bzw. 488 Tonnen bei einem Mehrfamilienhaus, gerechnet für einen Zeitraum von 25 Jahren.[4]

Der wichtigste Wert für den Wärmeschutz ist der ***Wärmedurchgangskoeffizient***, kurz ***k-Wert*** (neuerdings auch U-Wert) genannt. Er ist ein Maß für den Wärmestrom, der in einer Stunde durch 1 Quadratmeter des entsprechenden Bauteils bei einer Temperaturdifferenz von ein Grad Celsius fließt. Mit einem k-Wert von durchschnittlich 1,6 bis 1,9 tragen Fenster und Außentüren zu gut einem Viertel der Wärmeverluste bei. Durch ***Isolier- und Wärmeschutzgläser*** aber auch moderne Fensterrahmen lassen sich die Werte erheblich verbessern. Eine Zweischeiben-Verglasung hält durch die zwischen den Scheiben eingeschlossene Luft die Wärme deutlich besser in den Innenräumen als Einfachverglasung. Die neueste Fenstergeneration hat ein hochwertiges, schlecht leitendes Edelgas wie Argon eingefüllt. Solche Fenster erreichen einen k-Wert von 1,3. Noch bedeutend besser soll das Edelgas Xenon wirken. Es drückt den k-Wert auf nur noch 0,4, was einer 38 Zentimeter dicken Ziegelwand entspricht. Hinsichtlich Ökobilanz sind hier freilich mögliche Entsorgungsprobleme zu prüfen.[5]

Bei den ***Wänden*** sollte die Isolierung grundsätzlich an der Außenseite angebracht werden, damit die Feuchtigkeit im Mauerwerk weniger stark abkühlt und Tropfenbildung (Kondensation) verhindert wird. Die Dämmung der Außenwand sollte mindestens 8 Zentimeter betragen. Optimal sind jedoch Stärken von 10 bis 15 Zentimeter für den Wand- und 20 bis 30 Zentimeter für den Dachbereich. Weil warme Luft aufsteigt, geht Wärme vor allem über das Dach und die oberste Geschossdecke verloren. Sie müssen bei der Gebäudehülle an erster Stelle beim Dämmen stehen. Der Mehraufwand für Dämmmaßnahmen der obersten Geschossdecke eines 100 Quadratmeter-Hauses beträgt ca. 28.000 Schilling (ca. 2000 Euro), die Investitionen rechnen sich schon nach 5 Jahren.[6]

Dämmstoffe sind sehr leicht. Denn je geringer die Dichte eines Materials ist, umso besser ist die Dämmwirkung. Zwei Zentimeter Dämmstoff haben daher die gleiche Dämmwirkung wie eine 6,5 Zentimeter dicke Holz- oder 8 Zentimeter dicke Porenziegelwand sowie eine 105 Zentimeter starke Betonwand.[7] Feste Stoffe wie Ziegel haben hingegen eine gute Wärmespeicherfähigkeit und gute Schalldämm-Eigenschaften. Sie sollen daher für Innenwände sowie Wärmespeicher (etwa hinter Glasfassaden oder im Nahfeld von Öfen) verwendet werden *(s. Tipp 13).*

Welche Dämmstoffe verwendet werden, hängt vom Einsatzgebiet sowie vom Preis-Leistungsverhältnis ab, aber auch ***baubiologische Überlegungen*** können eine Rolle spielen. In Österreich machen Stein- und Glaswolle derzeit über die

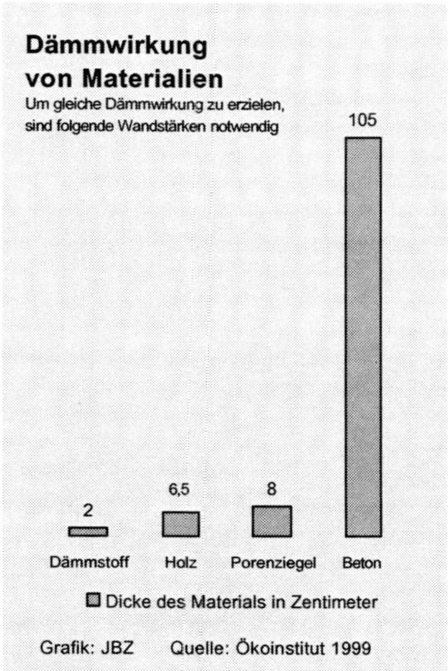

Hälfte der eingesetzten Dämmstoffe aus, da diese preisgünstig sind und leicht zwischen Holzkonstruktionen (Dachgeschoss, Holzhäuser) eingefügt werden können. Möglich hierfür, wenn auch teurer, sind Naturmaterialien wie Schaf- oder Baumwolle, Flachs oder Kork. Diese sind meist besser in der Lage, die aufgenommene Feuchtigkeit wieder abzugeben, wodurch auf Folien und Dampfsperren verzichtet werden kann, was sich wiederum positiv auf das Raumklima auswirkt.[8]

Für ***Außenisolierungen*** werden am meisten Schaumstoff-Dämmplatten (Polystyrol) verwendet, da sie hohe Formbeständigkeit aufweisen und einfach und rasch zu verlegen sind (derzeitiger Anteil am Gesamtdämmmaterialumsatz in Österreich: ca. 40 Prozent).[9] An Bedeutung für Außenisolierungen gewinnen aber auch Holzwolleplatten, möglich sind auch Korkplatten, die auch für Innendämmung verwendet werden. Vorsicht ist geboten gegenüber Schaumstoffen, die FCKW enthalten, wobei diese –

Der wichtigste Wert für den Wärmeschutz ist der Wärmedurchgangskoeffizient, kurz k-Wert (neuerdings auch U-Wert) genannt. Er ist ein Maß für den Wärmestrom, der in einer Stunde durch 1 Quadratmeter des entsprechenden Bauteils bei einer Temperaturdifferenz von ein Grad Celsius fließt.

so das Deutsche Umweltbundesamt – mittlerweile nicht mehr produziert werden, hinsichtlich Entsorgung von Altstoffen jedoch Probleme auftauchen könnten (kein Recycling!).[10]

Dämmstoffe zeichnen sich dadurch aus, dass durch ihre Anwendung netto erheblich mehr Energie und damit auch CO_2 eingespart wird als für ihre Herstellung notwendig war. Doch müssen an alle Dämmstoffe strenge Kriterien hinsichtlich ihrer ***gesundheitlichen Unbedenklichkeit*** gelegt werden, vor allem wenn sie im Innenbereich eingesetzt werden. Für Diskussionen sorgte die mögliche krebserzeugende Wirkung von Fasern in Dämmstoffen. Faserzusammensetzung und –struktur entscheiden, ob eingeatmete Fasern tatsächlich in die Lunge kommen („Lungengängigkeit“) und wie lange sie dort bleiben bzw. wie schnell sie abgebaut werden („Biolöslichkeit“). Mittlerweile werden Glasfaser- und Steinwolle-Typen produziert, die relativ rasch abgebaut werden, wodurch ***Kanzerogenität*** weitgehend ausgeschlossen ist. Die Halbwertszeit der Fasern sank – so das Öko-Institut Freiburg - um das 10-fache und mehr gegenüber alten Produkten. Auch bei Dämmmaterialien aus Zellulose und Baumwolle können lungengängige Faserstäube auftreten. Auch wenn hier noch keine Gesundheitsbedenken festgestellt wurden, sind noch weitere Untersuchungen notwendig.[11]

Würden alle ÖsterreicherInnen ihre Häuser optimal dämmen, so könnten nach Berechnungen der Gemeinschaft Dämmstoffe Industrie jährlich zwischen 5,5 und 7,5 Millionen Tonnen CO_2 eingespart werden.

Als ***Kriterien*** bei der Wahl des richtigen Dämmstoffs nennt das Freiburger Ökoinstitut: einfache und leichte Verlegung, gesundheitliche Unbedenklichkeit, fugenfreie Dämmung, keine toxischen Dämpfe und Nachglimmen im Brandfall, Schutz gegen Insekten- und Pilzbefall, Nachweis einer günstigen Energiebilanz, Angabe aller weiteren Zusätze, die bei der Herstellung verwendet wurden (z.B. Ammoniumverbindungen zur Flammhemmung statt Borsalzen) sowie unproblematische Entsorgung. Nach Möglichkeit sollen Produkte aus nachwachsenden Rohstoffen verwendet werden. **Natürlichen Dämmstoffen** wie Schafwolle, Kork, Stroh oder Recyclingmaterialien wie Zellulosefasern sind jedoch – so das Ökoinstitut – Nachhaltigkeitsgrenzen gesetzt, da sie unter ökologischen Bedingungen nur begrenzt angebaut und auch nur für einen bestimmten Bautyp (Füllmaterial in zweischaligen Wänden, z.B. bei Holzfachkonstruktionen) verwendet werden können.[12]

Wärmedämmmaßnahmen werden in allen österreichischen Bundesländern gefördert. In Salzburg etwa existiert eine zehnstufige Staffelung der ***Wohnbauförderung*** nach dem Dämmgrad der Wohnungen. In Oberösterreich wird insbesondere die ***Renovierung*** von Ein- und Mehrfamilienhäusern gefördert, ein Bereich, dem in Zukunft die größte Aufmerksamkeit zu widmen sein wird (immerhin ist ein Viertel des Baubestandes in Österreich bereits älter als 70 Jahre).[13] Würden alle ÖsterreicherInnen ihre Häuser optimal dämmen, so könnten nach Berechnungen der Gemeinschaft Dämmstoffe Industrie jährlich zwischen 5,5 und 7,5 Millionen Tonnen CO_2 eingespart werden.[14]

Wie über thermische Gebäudesanierung und Wärmedämmung, aber auch den Ausbau von Biomasse und Fernwärme ***Beschäftigung geschaffen werden kann,*** weist eine aktuelle Studie des Österreichischen Beirats für Wirtschafts- und Sozialfragen nach.[15]

Noch mehr Einsparungen werden möglich durch ***Niedrigenergiebauweise***. Neben entsprechender Wärmedämmung spielen hier die aktive und passive Nutzung der Sonnenenergie (Solararchitektur), der Einbau spezieller Lüftungs- und Wärmetauschersysteme sowie die Nutzung der Erdwärme eine bedeutende

Rolle. Während konventionelle Häuser, die den Mindestanforderungen der Bauordnungen entsprechen, jahresdurchschnittlich etwa 100 bis 120 Kilowattstunden Heizenergie pro Quadratmeter verbrauchen, kommen ***Solarhäuser*** auf Werte unter 50 Kilowattstunden. Mittlerweile werden bereits Plusenergiehäuser gebaut, die mehr Energie erzeugen als sie verbrauchen.[16]

Die Energieexperten Amory Lovins und Peter Hennicke sehen weltweite Energieeinsparmöglichkeiten im Baubereich von ***40 Prozent*** und mehr bis zur Mitte des 21. Jahrhunderts. Ausgehend von der Faustformel, dass der Gebäudebestand sich im Laufe eines Jahrhunderts einmal erneuert, bestünden 2050 nur mehr die Hälfte der heute existierenden Häuser. Jedes weitere Jahr, in dem Gebäude von mäßiger energietechnischer Qualität errichtet werden, schafft also ***„entgangene Gelegenheiten“*** für die nächsten 100 Jahre. Wenn aber ab sofort nur mehr Passiv- und Niedrigenergiehäuser gebaut würden, könnten um 2050 etwa vier von zehn Häusern (40 Prozent) bereits den Niedrigenergiestandard erfüllen. Und wenn der Grossteil der bestehenden Gebäude in den nächsten 50 Jahren einmal einer Renovierung unterzogen wird, ließen sich nochmals 40 Prozent an Energie für diese Gebäude einsparen.[17] Das heißt, jedes heute nach dem besten Energiestandard errichtete Haus ist eine Zukunftsinvestition für mindestens hundert Jahre – und dies angesichts der Verknappung fossiler Brennstoffe im doppelten Sinne.

Informieren Sie sich, ehe Sie mit dem Bau oder der Renovierung eines Hauses beginnen, über optimale Wärmedämmmaßnahmen. Lassen Sie sich die Energiekennzahlen sowie die voraussichtliche Amortisationszeit Ihrer Investitionen berechnen, wobei Sie natürlich die Zusatzförderungen nicht vergessen dürfen. Doch Vorsicht: Optimale Wärmedämmung erspart nicht, die Wohnräume ausreichend zu lüften, denn abgestandene Luft wirkt nicht nur ermüdend, sondern kann auch zu Gesundheitsschäden („Sick Building Syndrom“) führen. Wird die Lüftung nicht – wie bei vielen Niedrigenergiehäusern – durch ein automatisiertes Luft-Wärmetauschersystem geregelt, so empfiehlt sich für die kalte Jahreszeit mehrmaliges kurzzeitiges Öffnen von Fenstern, denn Dauerkippen führt zu enormen Wärmeverlusten.

Wenn ab sofort nur mehr Passiv- und Niedrigenergiehäuser gebaut würden, könnten um 2050 etwa vier von zehn Häusern, das heißt 40 Prozent, bereits den Niedrigenergiestandard erfüllen.

---

[1] Konsumerhebung 1999/2000 von Statistik Austria, zit.n. www.statistik.at/konsumerhebung/struktur.
[2] Friedrich Schmidt-Bleek u.a.(Hg.): Das Wuppertal-Haus. Bauen und Wohnen nach dem MIPS-Konzept. Berlin (u.a.): Birkhäuser, 1999., S. 40
[3] Roman Tell: Ein Pullover für das Haus. In: Sparen – Bauen – Wohnen. Magazin der Raiffeisen Bausparkasse, 1/2000, S. 18. Nach Angaben der Gemeinschaft Dämmstoffe Industrie
[4] zit. nach Salzburger Nachrichten, 12.2.2000
[5] Tell (Anm. 3) S. 21
[6] Michael Kosz u.a.: Wärmedämmung: Rentabilität, Beschäftigungseffekte, Klimaschutz. Eine betriebs- und volkswirtschaftliche Analyse. Zit. n. Tell (Anm. 3), S 20
[7] Carsten Sperling (Hg.): Nachhaltige Stadtentwicklung beginnt im Quartier. Ein Praxis- und Ideenhandbuch für Stadtplaner, Baugemeinschaften, Bürgerinitiativen am Beispiel des sozial-ökologischen Modellstadtteils Freiburg-Vauban. Freiburg/Br.: Öko-Inst., 1999, S. 106
[8] Tell (Anm. 3) S. 23
[9] ebd. S. 25
[10] Umweltbundesamt: Umweltbewusst leben. Handbuch für den umweltbewussten Haushalt. Berlin, 1998. S. 237ff
[11] Sperling (Anm. 7), S. 116
[12] ebd. S. 115
[13] Salzburger Nachrichten, 29.2.2000
[14] zit. nach Tell (Anm. 3), S. 25
[15] Beirat für Wirtschafts- und Sozialfragen: Raumwärme und Beschäftigung. Ausgangsbasis und Potentiale. Wien, 1999.
[16] vgl. Sonnenzeitung 2/2000, S. 44
[17] Amory Lovins, Peter Hennicke: Voller Energie. Vision: Die globale Faktor-Vier-Strategie für Klimaschutz und Atomausstieg. Frankfurt/M.: Campus, 1999, S. 98

TIPP 15: Die Energie der Sonne

Heizen mit nachwachsenden Rohstoffen liegt wieder im Trend. Und der Strom kommt vom Dach.

Der gängigste Energieträger ist noch immer Heiz- und Ofenöl, die Bedeutung der Kohle sinkt kontinuierlich. Erdgas ist stark im Kommen, aber auch Holz, dass als moderne Biomasse wieder Einzug in die Wohnungen hält.

80 Prozent der Haushaltsenergiekosten gehen für Heizung und Warmwasseraufbereitung drauf. Die Wahl der richtigen Heizung ist daher nicht nur eine Umweltfrage, sondern auch eine Frage der sparsamen Haushaltsführung.

Der größte Teil an Energie in den österreichischen Haushalten wird für ***Heizzwecke*** verbraucht. Eine Erhebung vom Juni 1999 unter den 3,2 Millionen Haushalten („Hauptwohnsitze") ergab, dass noch 27 Prozent (1994 35 Prozent) mit Einzelöfen beheizt werden (fast die Hälfte davon sind jedoch Einzelofenheizungen mittels Gaskonvektoren oder Elektroheizungen). 13 Prozent verfügen über eine Etagenheizung und 46 Prozent waren an eine Hauszentralheizung angeschlossen. Mittels ***Fernwärme***, die insbesondere bei Kraft-Wärme-Kopplung ökologisch großen Sinn macht, wurden zum Erhebungszeitpunkt 14 Prozent versorgt (1994 waren es erst 10 %).[1]

Entscheidend hinsichtlich Nachhaltigkeit sind die ***verwendeten Brennstoffe***. Der gängigste Energieträger ist noch immer Heiz- und Ofenöl (1999: 29 Prozent, 1994 27 Prozent), die Bedeutung der Kohle sinkt kontinuierlich (1999: 5 Prozent, 1994: 6 Prozent), Erdgas ist stark im Kommen (1999: 27 Prozent, 1994: 24 Prozent). 16 Prozent der Haushalte waren 1999 mit Holzfeuerungsanlagen ausgestattet (1994 waren es noch 19 Prozent). Holz, das früher auf Einzelfeuerungen (Kachelöfen u.ä.) beschränkt war, wird durch neue Verarbeitungsformen wie Hackschnitzel oder Pellets (letztere können staubfrei und - ähnlich wie Öl oder Gas - automatisiert verfeuert werden) jedoch zukünftig auch in Zentralheizungsanlagen an Bedeutung. Mit knapp über 1 Prozent spielen alternative Brennstoffe – wie z.B. Sonnenkollektoren, Hackschnitzel oder Stroh - aber nach wie vor eine viel zu geringe Rolle.[2]

Bei den ***Energieausgaben*** der Österreichischen Haushalte entfielen 1999 7,7 Mrd. Schilling (560 Mio. Euro) auf Gas, 5,9 Mrd. Schilling (43 Mio. Euro) bereits auf Fernwärme, 4,9 Mrd.Schilling (36 Mio. Euro) auf Holz und nur mehr 4,2 Mrd. Schilling (31 Mio. Euro) auf Kohle. Den größten Teil machten Mineralöle mit 38,4 Mrd. Schilling (2,79 Mrd. Euro) - allerdings inkl. Treibstoffe - sowie Strom mit 25,6 Mrd. Schilling (1,86 Mrd. Euro) aus.[3] Insgesamt fallen 40 Prozent des heimischen Gesamtenergiebedarfes auf Raumwärme und Warmwasserbereitung. Für den einzelnen Haushalt bedeutet das Energiekosten, die zu 80 Prozent nur fürs Heizen und fürs warme Wasser aufgewendet werden müssen.[4]

Neben einer optimalen Wärmedämmung und der passiven Nutzung der Sonnenergie *(s. Tipp 14)* spielt – wie bereits gezeigt - die ***Wahl der Heizung*** eine wichtige Rolle in einem nachhaltigen Haushalt. Während durch verbesserte Technologie und die ausschließliche Verwendung von Heizöl leicht (gilt für Kleinanlagen bis 70 kW) die Schadstoffemissionen (v.a. Schwefeldioxid) bei Ölfeuerungsanlagen deutlich gesunken sind, können die treibhauswirksamen CO_2-Emissionen - wie übrigens auch bei Erdgas - nicht durch technische Verbesserungen reduziert werden.[5]

Die **CO_2-Emissionen** werden für Koks mit 0,37 kg/kWh, für Heizöl Extra

Leicht mit 0,30 kg/kWh, für Erdgas mit 0,20 kg/kWh angegeben. Aus diesem Grund ist die massive ***Ausweitung von Erdgasinfrastrukturen*** nicht nachhaltig. Auch wenn der derzeit günstige Preis Erdgasheizungen noch als sehr attraktiv erscheinen lässt, werden bedingt durch die Erschöpfbarkeit der Ressource (Prognosen nennen eine Aufbrauchsfrist von 60 Jahren) die Kosten künftig aber mit Sicherheit steigen. Die derzeitigen Erdölreserven werden auf etwa 140 Milliarden Tonnen geschätzt. Bei einer gegenwärtigen Jahresweltförderung von 3 Milliarden Tonnen bedeutet dies ein Versiegen in weniger als 50 Jahren - eine wegen des steigenden Verbrauchs jedoch eher optimistische Prognose.[6]

Allein Biomasse ist unendlich nachwachsend und überdies $C0_2$-neutral, da das bei der Verbrennung freiwerdende Potenzial durch die nachwachsenden Wälder wieder gebunden wird.[7] Mit der ***Entscheidung für eine Biomasseheizung*** - sei es in einer eigenen Feuerungsanlage etwa für Pellets oder im Verbund eines Fernwärmenetzes durch eine Hackschnitzelanlage - tragen Sie zur Verringerung der Treibhausgasemissionen bei. Sie unterstützen aber auch neue Arbeitsplätze in der Forstwirtschaft und Holzverarbeitung und helfen nicht zuletzt die Energieabhängigkeit vom Ausland zu verringern. Fast die Hälfte (47 Prozent) der landwirtschaftlichen Flächen Österreichs sind Wälder, denen neben ihrer wirtschaftlichen Bedeutung als Ressourcenbasis auch Erholungsfunktionen sowie Schutzfunktionen gegen Lawinen und Muren zukommt.

Nach Berechnungen der Universität für Bodenkultur in Wien werden von den jährlich 27 Millionen in Österreichs Wäldern nachwachsenden Vorratsfestmetern Holz (das ist Holz mit Rinde) insgesamt nur rund 20 Millionen Vor-

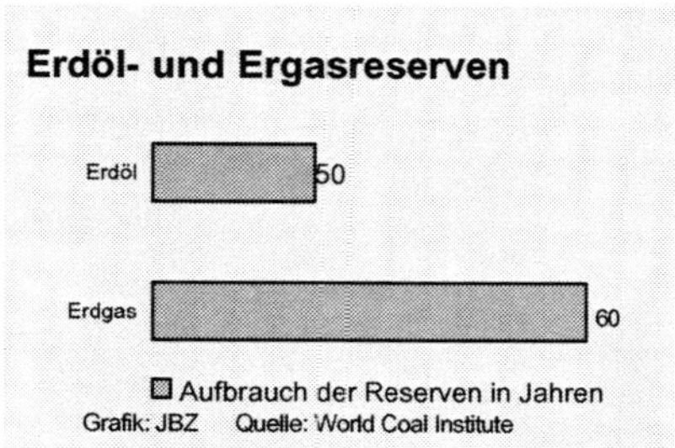

ratsfestmeter, davon 9 Millionen für Heizzwecke (Sägerestholz und Durchforstungsholz), genutzt. Eine ***intensivere Durchforstung der Wälder*** würde damit nicht nur die Pflege der Bestände weiter verbessern, sondern auch zusätzliches Brennmaterial (Stückholz oder Waldhackgut) bringen sowie zusätzliche Arbeitsplätze in der Forst- und Holzwirtschaft (in Österreich derzeit 130.000 Beschäftigte) schaffen.[8]

Auch wenn die Vorabinvestitionen relativ hoch sind, entscheiden sich immer mehr ÖsterreicherInnen für ***Solaranlagen*** für die Warmwasseraufbereitung. Eine Anlage für einen 4-6 Personenhaushalt kostet um die 5.000 Euro, liefert Warmwasser zumindest in den Monaten März bis Oktober und amortisiert sich innerhalb von 10 bis 15 Jahren, bei einer Lebensdauer der Kollektoren von 25 bis 30 Jahren.[9] Mit einer durchschnittlich pro Jahr installierten Kollektorfläche pro 1000 Einwohnern von über 17 Quadratmetern (1999) steht Österreich mit Griechenland in diesem Bereich der Solarnutzung an erster Stelle aller EU-Staaten. Dänemark und Schweiz folgen mit etwa 5 Quadratmetern pro 1000 Einwohnern.

Jedes Jahr landen 20.000 kleinere und größere Solaranlagen auf Österreichs Dächern. Ende 2000 waren 2,2 Millionen Quadratmeter installiert, die für die ***Warmwasseraufbereitung,*** aber auch für Raumwärme die Sonnenenergie nutzen.[10] Der Boom setzte in den 90er Jahren ein, in denen doppelt so viel Solaranlagen installiert wurden als in den

Nach Berechnungen der Universität für Bodenkultur in Wien werden von den jährlich 27 Millionen in Österreichs Wäldern nachwachsenden Vorratsfestmetern Holz insgesamt nur rund 20 Millionen Vorratsfestmeter, davon 9 Millionen für Heizzwecke genutzt.

Jedes Jahr landen 20.000 kleinere und größere Solaranlagen auf Österreichs Dächern. Das sind umgerechnet 180.000 Quadratmeter Sonnenkollektoren, die jährlich dazu kommen.

Konkrete ***Energiesparmöglichkeiten*** im Haushalt ergeben sich aus einem gezielten Kauf von energiesparenden Geräten - von Energiesparlampen bis Ökokühlschränken - sowie ihrem sinnvollen Gebrauch. Zur Orientierung für den Kauf von Neugeräten empfiehlt sich ein Blick auf die für die meisten Haushaltsgeräte in der EU verpflichtenden ***Energielabel***, die Auskunft über den Energieverbrauch (von den möglichen Stufen A-G sind die Bereiche A und B als energiesparend einzustufen) sowie über die Geräuschentwicklung des Gerätes geben, aber auch Spezialhinweise wie den Energie- und Wasserverbrauch pro Waschvorgang einer Waschmaschine oder den Energieverbrauch pro Trockenvorgang eines Wäschetrockners enthalten.

Zu einer ökologischen Haushaltsführung gehört zweitens der ***sinnvolle Gebrauch*** der Geräte. Dazu zählt Wäschewaschen oder Geschirrspülen nur bei voller Trommel ebenso wie die Minimierung der Standby-Geräte, die Nutzung der Nachwärme Ihres Backrohres, die Einstellung des Kühlschranks auf die optimale Temperatur (+5-7 Grad, Tiefkühler: -18 Grad) sowie das Achten darauf, dass Räume nicht überheizt werden (meist reichen 18-19 Grad, das Schlafzimmer braucht überhaupt nicht geheizt zu werden).

Nicht weniger wichtig ist die Anschaffung nur jener Geräte, die wirklich dem Bedarf und ***der Haushaltsgröße entsprechen***. So machen Gefriervorrichtungen auch ökonomisch gesehen erst etwa ab einer Haushaltsgröße von drei oder mehr Personen Sinn. Überdies sind die Gefriertruhen gegenüber den in Einbauküchen üblich gewordenen Gefrierschränken bedeutend energiesparender. Abgeraten wird vom Deutschen Umweltbundesamt auch von der sogenannten „No-Frost-Technik", also von Geräten, die man nicht mehr abtauen muss. Der Energieverbrauch dieser Geräte liegt um 30 Prozent höher als der vergleichbarer Geräte. Die notwendige Reinigung reduziere sich jedoch lediglich von 3-4 Mal auf etwa 1 Mal im Jahr.

Am ökologischsten sind selbstverständlich immer jene Geräte, die man gar nicht kauft, da für jedes neu angeschaffte Produkt Ressourcen verbraucht wurden („ökologischer Rucksack", *s. Tipp 21). Details zu allen wichtigen Haushaltsgeräten enthält das vom dt. Umweltbundesamt herausgegebene Handbuch „Umweltbewusst leben" (Berlin 1998, S. 19-42) sowie die Checkliste „Überprüfen Sie ihren Haushalt" des WWF Schweiz (in: WWF-Magazin, 2/2000, S. 4ff)*

15 Jahren zuvor.[11] Die Spitzenwerte der Jahre 1995 bis 1997 mit jährlich über 200.000 Quadratmetern zusätzlicher Kollektorfläche konnten in den Folgejahren jedoch nicht mehr gehalten werden. Dies obwohl bislang erst ein Bruchteil der potentiellen Flächen genutzt wird.

Fazit: Ökologisch gesehen ist Holz insbesondere in veredelter Form als Pellets oder Hackschnitzel unschlagbar, da unerschöpflich nachwachsend und als einzige Brennstoffgrundlage CO_2-neutral. Das beim Verbrennen von Holz freigesetzte CO_2 wird durch die nachwachsenden Wälder wieder gebunden. Aber auch der Preisvergleich wird bedingt durch die Verknappung der fossilen Energieträger - der Endverbrauch für Erdöl wird mit 40 Jahren, jener für Erdgas etwa mit 60 Jahren angegeben - mittelfristig zugunsten der Biomasse umschlagen. Für die Wasseraufbereitung sind Sonnenkollektoren ein sinnvoller Weg: Sie liefern emissions- und (nach erfolgter Anfangsinvestition) aufwandsfrei Energie. Weitere Energiesparmöglichkeiten im Haushalt ergeben sich aus einem gezielten Kauf von energiesparenden Geräten sowie ihrem sinnvollen Gebrauch *(s. Kasten).*

---

[1] Österreichischer Zahlenspiegel. Statistik Österreich. Mai 2000.
[2] Ebd.
[3] Nach: Energieverwertungsagentur, in: Salzburger Nachrichten, 12.2.2000
[4] Salzburger Nachrichten, 28.2.2000
[5] Handbuch Bauen und Wohnen 2000. Amt der Salzburger Landesregierung. S. 263f
[6] World Coal Institute, zit. n. Österreichs Wirtschaft im Überblick 1999-2000. Hg. v. Österreichischen Gesellschafts- und Wirtschaftsmuseum, Wien: Orac, 1999. Eine ähnliche Einschätzung der Ölreserven ist zu finden bei Hermann Scheer: Solare Weltwirtschaft. München: Kunstmann, 1999.
[7] Klimabündnis-Grafik, in: Klimaschutz & Landwirtschaft, Informationsfolder, KB-Rundbrief 1d/2000. Zur CO_2-Neutralität des Holzes s. Grafik in: Handbuch Bauen und Wohnen 2000, S. 251.
[8] Ökoenergie. Magazin zur Förderung erneuerbarer Energie. Hg. von der Boku Wien und dem Ökosozialen Forum Österreich, Mai 2000, S. 3
[9] Handbuch Bauen und Wohnen 2000 (s. Anm. 5), S. 241 ff
[10] ebd. S. 248, sowie Salzburger Nachrichten, 28.2.2000 und 12.4.2002; Erneuerbare Energie 4/2001.
[11] Austria Innovativ, Schwerpunktheft „Erneuerbare Energie", 2/2000, S. 12.

TIPP 16: Runter mit dem Papierverbrauch.

Das Recycling von Altpapier ist sinnvoll. Das rapide Anwachsen des Papierverbrauchs hat die positiven Umwelteffekte aber wieder aufgehoben. Es gibt gute Möglichkeiten, den Papierkonsum zu drosseln.

Der weltweite ***Papierverbrauch*** beträgt nach einer aktuellen Studie des Worldwatch Institutes bereits 299 Millionen Tonnen jährlich, was einem Papierstapel von rund 8 Mal der Entfernung zwischen Mond und Sonne entspricht (Bezugsjahr 1997). Allen Ankündigungen vom „papierlosen Büro“ zum Trotz war der Verschleiß an Papier nie so hoch wie heute. Allein in den USA gehen, so die Studie des Worldwatch-Instituts, im Schnitt rund 12.000 Seiten Papier pro Jahr durch die Hände eines Büroangestellten. Ein Fünftel aller weltweit abgeholzten Bäume werden zu Papier verarbeitet.[1]

Dabei ist der ***Papierkonsum weltweit*** sehr unterschiedlich verteilt. Mit einem Pro-Kopf-Verbrauch von 335 Kilogramm pro Jahr rangieren die rund 270 Millionen US-Amerikaner an der Spitze. Es folgen Japan mit 249 und Deutschland mit 192 Kilogramm. China mit einer Bevölkerung von 1,3 Milliarden Menschen ist nach den USA der Menge nach der größte Papierverbraucher. Aber pro Kopf der Bevölkerung liegen die Chinesen etwa bei einem Zehntel des Papierkonsums der US-Amerikaner.[2]

Auch in ***Österreich*** ist der Papierverbrauch rasant gestiegen, und zwar um über 400 Prozent in den letzten 40 Jahren. Betrug der Pro-Kopf-Verbrauch der ÖsterreicherInnen 1960 noch 44 Kilogramm, so stieg er bis Mitte der 90er Jahre auf 186 Kilogramm und liegt heute etwa bei dem vom Worldwatch-Institute für die BRD ausgewiesenen Papierkonsum.[3]

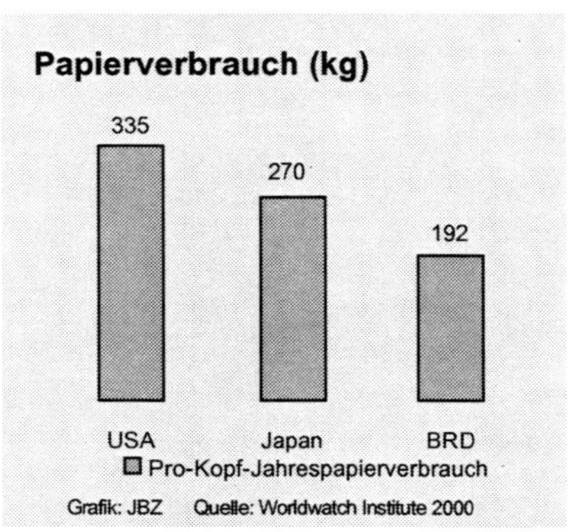

Papier wird aus Zellstofffasern hergestellt. Der Rohstoff dafür ist Holz. Der enorm gestiegene Papierverbrauch ist ein wesentlicher Grund für das trotz verbesserter Gewinnungstechniken und verschärfter Auflagen noch immer große Ausmaß an Umweltbelastungen. In Österreich wird heute Zellstoff und Papier unter wesentlich strengeren Umweltschutzauflagen hergestellt als noch vor 20 Jahren. Doch Österreich produziert nicht nur, sondern importiert auch Zellstoff – und zwar mehr als ein Drittel der in Österreich verarbeiteten Menge. Daher spielen auch die Umweltstandards in den Herstellerländern eine Rolle. So wird beispielsweise immer mehr Zellstoff aus riesigen Eukalyptusplantagen in Brasilien importiert.

Papierproduktion ist rohstoff- und energieintensiv: Um eine Tonne Zellstoff herstellen zu können, werden rund 2 Tonnen Holz benötigt, eine große Menge an Wasser (daher liegen Papierfabriken in der Regel an Flüssen), sowie verschiedene Chemikalien zur Bleiche. Am problematischsten ist dabei die Chlorbleiche, bei der Chlorgas die letzten Verunreinigungen vom Zellstoff löst, sodass dieser hochweiß wird. Aus dem gebleichten Zellstoff wird dann „holzfreies, rein weißes“ Papier hergestellt. Chlorfrei gebleichtes Papier ist daher

Der Weltjahrespapierverbrauch beträgt bereits 299 Mio. Tonnen, was einem Papierstapel von rund 8 Mal der Entfernung zwischen Mond und Sonne entspricht.

Um eine Tonne Zellstoff herstellen zu können, werden rund 2 Tonnen Holz benötigt, eine große Menge an Wasser, das meist aber mehrfach verwendet wird, sowie verschiedene Chemikalien zur Bleiche.

Turbo-Bäume für die Welt-Papier-Fabrik: Die Papier- und Zellulosefabriken in Brasilien starten im weltweiten Rennen um Marktanteile seit den 60er Jahren mit einem Turbo-Baum, dem Eukalyptus. Nach nur sieben Jahren ist er 30 Meter hoch und kann geschlagen werden. Auf einer Fläche von sechs Millionen Hektar (fast die Fläche Österreichs) wachsen in Brasilien Eukalyptuswälder heran. Da kommen die langsam wachsenden Wälder der traditionellen Faserhersteller in Skandinavien, Kanada und den USA nicht mit. Brasilien ist Weltführer bei Zellstoff- und Papierprodukten auf Eukalyptusbasis. Damit die Turbo-Bäume an den Start des internationalen Wettbewerbs gehen konnten, hat die brasilianische Militärdiktatur schon in den 60er Jahren die Forstwirtschaft großzügig subventioniert. Für die Plantagen musste viel Land angekauft werden. Nicht immer mit legalen Mitteln. Viele Indios verloren ihr angestammtes Land. *(Nach: Weltumspannend arbeiten. Ausstellung des ÖGB OÖ)*

Der Umstieg auf Recyclingpapier macht ökologisch gesehen sehr viel Sinn, da so der Holzverbrauch beträchtlich verringert wird. Aber auch der Energieverbrauch nimmt um das zwei bis dreifache ab.

vorzuziehen, doch auch bei diesen Verfahren ist Energie- und Chemikalieneinsatz notwendig. Wichtig ist das Verlangen von „total chlorfrei" gebleichter Ware, da nur dabei tatsächlich die Nichtverwendung von Chlor sichergestellt ist.[4]

Generell werden für die etwa 260 in Österreich hergestellten Papiersorten, so die AK Wien, zu viele ***chemische Hilfsstoffe*** eingesetzt, deren Wirkungen und Risiken nicht immer bekannt sind (an die 2000 Stoffe sind im Einsatz). Und für viele Anforderungen reiche Papier mit einem geringeren Anteil an Chemikalien und oft auch mit einem geringeren Flächengewicht.[5]

Der Umstieg auf ***Recyclingpapier*** macht ökologisch gesehen sehr viel Sinn, da so der Holzverbrauch beträchtlich verringert wird. Aber auch der Energieverbrauch nimmt um das zwei bis dreifache ab. Nach Berechnungen des Deutschen Umweltbundesamtes sind für holzfreies Frischfaserpapier (gebleichter Zellstoff) pro Tonne Papier bis zu 50 GJ Energie notwendig, bei holzhaltigem Frischpapier (nicht gebleicht) sinkt der Wert auf 30-36 GJ und bei Recyclingpapier gar auf 13 bis 17 GJ.[6]

Die größten Papierfresser sind sicherlich Büros und damit die Wirtschaft. Doch auch Haushalte tragen durch Verpackungsmaterial, Werbebroschüren, Zeitungen usw. erheblich zum Papierkonsum bei. Durch bewussten Umgang mit der Ressource Papier, den „Umstieg" auf Recyclingpapier sowie mit dem Verzicht auf Reklamematerial (entsprechende Aufkleber sind bei der Post erhältlich) können Sie zu einem nachhaltigeren Umgang mit diesem wertvollen Produkt beitragen.

---

1 Janet N. Abramovitz, Ashley T. Mattoon: Papierrückgewinnung. In: Worldwatch Institute (Hg.): Zur Lage der Welt 2000. Prognosen für das Überleben unseres Planeten. Frankfurt: Fischer-TB, 2000, S. 157ff
2 ebd.
3 Zit. n. AK Wien (Hg.): Büro und Umwelt. Wien, 1998, S. 13.
4 Ebd. S. 14. Das Wuppertal-Institut geht gar davon aus, dass bei Berücksichtigung des gesamten ökologischen Rucksacks für die Gewinnung von einer Tonne Papier bzw. Pappe 46 Tonnen Material, 857 Tonnen Wasser und 96 Tonnen Luft verbraucht werden, wobei die benötigte Energie hier noch gar nicht berücksichtigt ist. (n. Friedrich Schmidt-Bleek, Ursula Tischner: Produktentwicklung. Nutzen gestalten – Natur schonen. WIFI-Broschüre, Wien, o. J., S. 132)
5 AK Wien 1998 S. 15 (s. Anm. 3)
6 Umweltbundesamt (Hg.): Umweltbewusst leben. Handbuch für den umweltbewussten Haushalt. Berlin, 1998. S. 335

TIPP 17: Kostbares Nass

Es scheint bei uns im Überfluss vorhanden zu sein und kommt einfach aus der Leitung: Unser Trinkwasser. Doch ein sorgsamer Umgang mit der wertvollen Ressource Wasser ist dringend geboten.

Der weltweit kostbarste und wahrscheinlich auch konfliktträchtigste Naturrohstoff ist Wasser, von dem manche behaupten, dass seine wirtschaftliche Bedeutung die von Erdöl weit überragt. Sauberes Wasser ist das wichtigste Lebensmittel und Voraussetzung hygienischer Mindeststandards, Süßwasser ist aber auch Grundbedingung für die Landwirtschaft und Notwendigkeit für viele Wirtschaftsprozesse.

Auf einem Planeten, dessen Oberfläche zu zwei Dritteln von Wasser bedeckt ist, hat die Illusion des Überflusses die Tatsache verdeckt, dass sich erneuerndes ***Süßwasser technisch nur begrenzt steigerbar*** ist und daher allein aufgrund der steigenden Bevölkerung immer knapper wird. Denkt man sich das gesamte Wasser der Erde in einer Badewanne, so würde die jährlich verfügbare sich erneuernde Menge kaum einen Teelöffel füllen. Es gibt heute nicht wesentlich mehr Süßwasser als vor 2000 Jahren, als die Weltbevölkerung weniger als drei Prozent der heutigen sechs Milliarden Menschen betrug.[1]

WasserexpertInnen schätzen die Obergrenze der global verfügbaren, sich erneuernden Süßwassermenge auf zwischen 9000 und 14000 Kubikkilometer pro Jahr. Sehr ungleich ist natürlich die Verteilung dieses Wassers. Stehen in ***wasserreichen Ländern*** bis zu 10.000 Jahreskubikmeter pro Person zur Verfügung, so sind es in wasserarmen, aber bevölkerungsreichen Ländern nur einige Hundert Kubikmeter.[2]

Unterschiedlich ist auch die Wasserverwendung. Weltweit ist die ***Landwirtschaft*** mit 71 Prozent der größte Wasserkonsument. Etwa 21 Prozent entfallen auf Industrie und Energiewirtschaft und nur acht Prozent auf die privaten Haushalte. In Afrika werden 85 Prozent der ohnedies niedrigen Wasservorräte für die Landwirtschaft, zumeist zur Bewässerung verwendet, während im hochindustrialisierten Europa mehr als die Hälfte von der Industrie und zur Energieerzeugung verbraucht wird. Sehr unterschiedlich ist aber auch der private Wasserkonsum: Ein US-Bürger verbraucht im Durchschnitt täglich etwa 650 Liter Wasser für häusliche Zwecke. Dagegen müssen die Einwohner Benins mit weniger als einem Hunderstel davon auskommen – vier Liter pro Tag.[3]

Da Wasser aber sehr ***ortsgebunden*** ist und nur über begrenzte Distanzen transportiert werden kann, entscheiden die ***regional vorhandenen Wasserressourcen*** über den möglichen Wasserverbrauch sowie über die nachhaltige Nutzung der sich erneuernden „Reserven". Der Süßwassergewinnung aus dem Meer sind technische, finanzielle und ökologische (die Gewinnung erfolgt auf Basis fossiler Energie) Grenzen gesetzt und sie macht derzeit kaum ein Tausendstel des globalen Süßwasserverbrauchs aus.[4]

Effizientere Bewässerungsmethoden sowie die Verringerung des Bevölkerungswachstums werden als Strategien gegen die Wasserknappheit mit ihren sozialen und ökologischen Folgen für die Länder der Dritten Welt gesehen. Die Verringerung des Wasserverbrauchs in Industrieprozessketten sowie ein sorgsamerer Umgang mit dem kostbaren Nass durch die Privathaushalte wird

Es gibt heute nicht wesentlich mehr Süßwasser als vor 2000 Jahren, als die Weltbevölkerung weniger als drei Prozent der heutigen sechs Milliarden Menschen betrug.

Da Wasser sehr ortsgebunden ist und nur über begrenzte Distanzen transportiert werden kann, entscheiden die regional vorhandenen Wasserressourcen über den möglichen Wasserverbrauch.

Mit fast 11.000 verfügbaren Jahreskubikmetern pro Kopf weist die UN-Statistik Österreich nach Ungarn und Vietnam als drittwasserreichstes Land der Welt aus.

Es macht auf alle Fälle ökologisch Sinn, sparsam mit Wasser umzugehen. Denn unbegrenzt und in guter Qualität ist dieses auch bei uns nicht verfügbar.

insbesondere den dichtbesiedelten, mit nicht allzu großem Wasserreichtum ausgestatteten Industriestaaten empfohlen.

Mit fast 11.000 verfügbaren Jahreskubikmetern pro Kopf weist die UN-Statistik Österreich nach Ungarn und Vietnam als ***drittwasserreichstes Land*** der Welt aus (In der BRD sind etwa mehr als 2000 Kubikmeter pro Kopf verfügbar).[5] Abgesehen von zeitlich begrenzten Trockenperioden, die jedoch ebenso beträchtliche landwirtschaftliche Schäden hervorrufen können, gibt es in Österreich daher keine Wasserknappheiten. Mit 2 Cent pro Liter (so der derzeitige Preis) ist Wasser daher auch eine sehr kostengünstige Ressource und natürlich das weitaus billigste „Lebensmittel". Wenn für einen Liter Bier 25 Liter reines Wasser verbraucht wird, macht dies deutlich, dass pures oder auch mit Fruchtsaft verdünntes Wasser noch immer der bei weitem „nachhaltigste" Weg ist, um seinen Durst zu löschen! Es macht auf alle Fälle ökologisch Sinn, sparsam mit Wasser umzugehen. Denn unbegrenzt und in guter Qualität ist dieses auch bei uns nicht verfügbar. Zudem geht es um die Schonung und Reinhaltung der Wasserreserven. Dabei lassen sich auch ***Hauhaltskosten*** sparen.

Eine vierköpfige Familie verbraucht in Österreich pro Jahr rund 200.000 Liter Wasser und bezahlt dafür rund 290 Euro. Durch den Einbau von verschiedenen ***wassersparenden Apparaturen*** kann dieser Beitrag um ein Viertel reduziert werden. In der Salzburger Wohnbauförderung – so ein Beispiel - sollen daher zukünftig auch für Wassersparmaßnahmen Ökopunkte vergeben werden.[6] Auch der ***Warmwasserverbrauch***, für den in Europa pro Kopf im Durchschnitt 10.000 kWh Energie jährlich verbraucht werden, lässt sich durch technische Vorkehrungen, sogenannte Perlatoren, die den Wasserfluss begrenzen, reduzieren. Damit wird nicht nur Wasser, sondern auch Energie gespart.[7] Durch bewussten Umgang mit Wasser (etwa öfter Duschen statt Baden oder Baden zu zweit, das belebt auch die Sinne), die Verwendung von WC-Spülern mit Spartaste oder das Waschen nur mit vollen Waschtrommeln entlasten Sie auch das Kanalisationsnetz und reduzieren damit zugleich Ihre Kanalbenützungsgebühren.

Nicht zuletzt geht es um ***Wasserschutz***, zu dem neben den Unternehmen auch die Haushalte beitragen müssen. Denn es ist wichtig, dass wir das Wasser, das wir dem Wasserkreislauf entziehen und sozusagen von der Natur nur „ausborgen", wieder in sauberer Form zurückgeben. Gehen Sie daher sorgsam mit Chemikalien um, die Sie im Haushalt verwenden; halten Sie sich an die Dosierempfehlungen der Waschmittelhersteller; verwenden Sie, wenn überhaupt, Mittel zur WC-Desinfektion nur sparsam und schütten Sie keine Speiseölreste, Farben und Lacke in den Abfluss. Ein einziger Tropfen Fleckputzmittel oder Öl genügt, um 3000 Liter Wasser zu verseuchen. Die Abwässer werden damit stark belastet, die Abwasserreinigung wird noch schwieriger.[8]

---

1 Alle Zahlen: Robert Engelmann u.a.: Mensch, Wasser. Report über die Entwicklung der Weltbevölkerung und die Zukunft der Wasservorräte. Hg. v. d. Deutschen Stiftung Weltbevölkerung. Stuttgart: Balance Verl., 2000. S.9ff
2 ebd.
3 ebd.
4 ebd. S. 23
5 Vgl. die Länderstatistik in Engelmann (Anm. 1), S. 96ff
6 Vgl. „Wohnbauförderung auf Wasserspar-Kurs." In: Unser Land Nr. 11/2000, S. 33
7 Vgl. Amory Lovins, Peter Hennicke: Voller Energie. Vision: Die globale Faktor Vier-Strategie für Klimaschutz und Atomausstieg. Frankfurt/M u.a.: Campus, 1999, S. 94.
8 Vgl. Salzburger Stadtwerke (Hg.): Alles über unser Trinkwasser. Salzburg, 1999. S. 21 ff

TIPP 18: Mobil mit weniger Auto.

Um die anvisierten Klimaziele zu erreichen, müssen wir den Autoverkehr in den nächsten zehn Jahren mindestens um ein Drittel reduzieren. Helfen Sie mit.

Ein zentraler Bestandteil nachhaltiger Entwicklung ist die Reduzierung des Autoverkehrs, dessen weiteres Anwachsen hauptverantwortlich für das Nichterreichen der angepeilten Klimaziele zeichnet.

Der weiterhin stark zunehmende Autoverkehr bedeutet nicht nur eine massive Beeinträchtigung der Lebensqualität jener Menschen, die an den Durchzugstrassen wohnen, sondern zeichnet auch hauptverantwortlich für das absehbare Nichterreichen der von den Industriestaaten zugesagten Reduzierung von Treibhausgasen. Der Handlungsbedarf ist groß.

In der Negativbilanz der ***Schadstoffemissionen*** wird das Auto nur vom Flugzeug noch übertroffen. Bei einer Reise von 500 Kilometern entstehen - so Berechnungen aus Deutschland - pro Person mit dem Flugzeug 130 Kilogramm Kohlendioxid, 490 Gramm Stickstoffoxid sowie 62 Gramm Schwefeldioxid, mit dem Auto sind es 88 Kilogramm CO_2, 220 Kilogramm NO_x sowie 17 Gramm SO_2. Der $C0_2$-Ausstoß sinkt bei der Bahn auf 19 Kilogramm, jener von NOx auf 57 Gramm. Der Reisebus schneidet zwar beim CO_2 geringfügig besser ab (14 Kilogramm), verursacht aber bedeutend höhere NOx-Emissionen. Der SO_2-Ausstoß der Bahn (hier gerechnet mit deutschem Strom, der zu viel größeren Anteilen wie der österreichische noch aus Kohlekraftwerken kommt) liegt gleichauf mit dem des Autos, beim Reisebus sogar noch etwas niedriger.[1]

Ein zentraler Bestandteil nachhaltiger Entwicklung ist daher die Reduzierung des Autoverkehrs, dessen weiteres Anwachsen hauptverantwortlich für das Nichterreichen der ***angepeilten Klimaziele*** zeichnet. Die Rechnung ist einfach: Für jeden nicht verfahrenen Liter Benzin haben Sie 2,5 (bei Diesel gar 2,8) Kilogramm $C0_2$ eingespart. Dabei geht es nicht um den generellen Verzicht auf das Auto, sondern um dessen sinnvolle Einbindung in einen Ökoverbund.

Die Zahl der ***täglichen Wege*** hat sich gegenüber früher nur bedingt erhöht. Wir müssen zur Arbeitsstätte, haben Besorgungen zu erledigen und wollen Freunde treffen oder ins Kino gehen. Enorm gestiegen sind jedoch die Entfernungen, die wir täglich zurücklegen. Und auch die Wahl des Fortbewegungsmittels hat sich geändert: wurden früher bedeutend mehr Wege zu Fuß oder mit einem öffentlichen Verkehrsmittel zurückgelegt, so dominiert heute - bedingt durch das Auseinanderdriften der Lebensfelder Wohnen, Arbeiten und Freizeit - eindeutig das Auto.

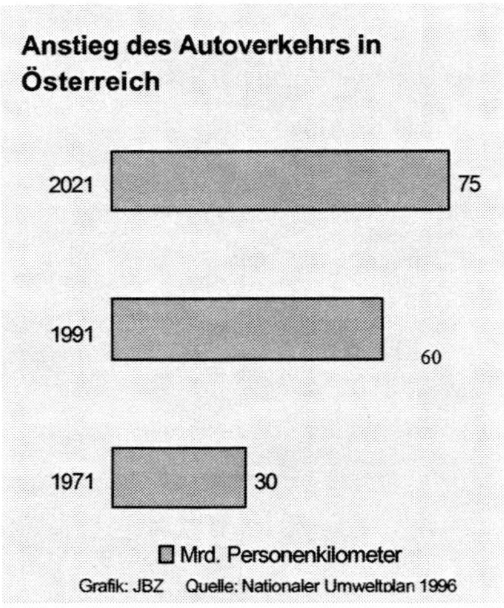

Eine Studie weist die durchschnittliche Strecke, die jede/r EU-Bürger/in (Kinder und Alte eingerechnet) jährlich zurücklegt, mit 14.000 Kilometer aus. Der Anteil der Verkehrsleistungen, der mit eigener Muskelkraft bewältigt wird (Zu Fuß-Gehen, Rad), beträgt gerade noch 4 Prozent. Der motorisierte Verkehr spielt sich zu 93 Prozent auf der Straße ab.[2]

Die wöchentlichen Autokilometer lassen sich durch das regelmäßige Notieren des Kilometerstandes eruieren. Prüfen Sie, für welche Zwecke Sie ihre Autokilometer verfahren und für welche Wege es Alternativen zum Auto gäbe.

Ein guter Indikator für den Nachhaltigkeitsgrad einer Gesellschaft ist ihr Treibstoffverbrauch, der mangels Durchsetzung von alternativen Antrieben noch fast zur Gänze auf fossiler Basis (Benzin, Diesel) steht.

Nach Berechnungen des Nationalen Umweltplanes haben sich in Österreich die ***Personentransporte*** mit dem Auto von ca. 30 Milliarden Personenkilometer im Jahr 1971 innerhalb von 20 Jahren auf 60 Milliarden ***verdoppelt***. Bis 2021 wird mit einem weiteren Anstieg auf 75 Milliarden gerechnet. Das heißt, wir sind immer mehr und weiter unterwegs. Zwei Drittel der gesamten Personentransporte werden mit dem Auto durchgeführt, Busse und Straßenbahnen kommen auf 17 und die Bahn auf 10 Prozent. Der kleine Rest verteilt sich auf Fußgänger und Radfahrer.[3]

Erste Gegentrends gibt es in manchen Städten wie Zürich oder Amsterdam, wo das Rad und der Öffentliche Verkehr eine Renaissance verzeichnen. In Österreich gibt es erste wenige Anzeichen der Umkehr. Sowohl für Kurzstrecken als auch für Langstrecken, für die sich die Bahn anbietet, ist das Auto leider noch das bevorzugte Verkehrsmittel.

Ein guter ***Indikator für den Nachhaltigkeitsgrad*** einer Gesellschaft ist ihr Treibstoffverbrauch, der mangels Durchsetzung/Entwicklung von Alternativen (Brennstoffzelle, Biodiesel, Elektroantriebe) noch fast zur Gänze auf fossiler Basis (Benzin, Diesel) steht und damit zugleich „Auskunft" über die verkehrsbedingten Emissionen des wichtigsten Treibhauses CO_2 gibt.

Der ***Energieverbrauch in Österreich*** ist auch in den letzten 20 Jahren trotz Energiekrisen kontinuierlich angestiegen. Fast zwei Drittel der Energie wird importiert. Drei Viertel des österreichischen Energieverbrauchs entfallen auf fossile Energieträger, Erdöl und die Folgeprodukte machen allein 40 Prozent aus, wobei ein großer Teil für Treibstoffe anfällt.[4]

Machen Sie sich Ihr Mobilitätsverhalten bewusst. Die wöchentlichen Autokilometer lassen sich durch das regelmäßige Notieren des Kilometerstandes eruieren. Prüfen Sie, für welche Zwecke Sie ihre Autokilometer verfahren und für welche Wege es Alternativen zum Auto gäbe. Wie gelangen Sie zur ***Arbeitsstätte***? Gibt es hierfür ein auch finanziell attraktives öffentliches Verkehrsmittel? Wäre eine Fahrgemeinschaft denkbar? Oder gar das Fahrrad eine sinnvolle und überdies gesunde Alternative? Wie kommen die Kinder zum Kindergarten oder zur Schule? Wie oft ist der Großeinkauf notwendig? Lassen sich die Alltagseinkäufe nicht sinnvoller beim Nahversorger tätigen? Kleine Mengen gehen auch nach der Arbeit – und dies mit weniger Stress. Wie ***autointensiv*** sind Ihre ***Hobbys***? Bedenken Sie nicht zuletzt: Jeder nichtgefahrene Autokilometer hilft Ihnen auch, Geld zu sparen. Vielleicht legen Sie sich eine Jahresliste an, in der Sie ihre autofreien Tage aufzeichnen?

Gut ein Drittel der ***österreichischen*** CO_2***-Emissionen*** entfallen auf den Verkehr. Sollen die ohnedies bescheidenen Einsparziele (Österreich: 13% bis 2010) erreicht werden, muss der Treibstoffverbrauch drastisch gesenkt werden. Leisten Sie ihren persönlichen Beitrag zu diesem Ziel. Damit entlasten Sie zugleich ihre Brieftasche sowie die Leistungsbilanz der Volkswirtschaft, da Erdöl in Österreich fast zur Gänze importiert werden muss.

---

[1] Nach Daniel Krebs u.a.: Die ökologische Steuerreform. Berlin u.a.: Birkhäuser, 1998.
[2] Quelle: Prognos Trendletter 3/1999, zit. in Schweizerische Zukunftsforschung 4/99, S. 41
[3] Nationaler Umweltplan Österreich. Hg. v. d. Österreichischen Bundesregierung. Wien, 1996. S. 178.
Die Autopersonenkilometer werden berechnet aus der Zahl der Pkw und ihrem durchschnittlichen Auslastungs- und Besetzungsgrad. Die Angaben können daher nur als Näherungswerte angesehen werden.
[4] Quelle: WIFO, zit. n. Österreichs Wirtschaft im Überblick 1999-2000. Hrsg. v. Österreichischen Gesellschafts- und Wirtschaftsmuseum, Wien: Orac-Verl., 1999.

TIPP 19: Nachhaltig zur Arbeit.

Intelligente Mobilität zahlt sich aus. Für die Umwelt, das Klima, für die Lebensqualität und für die Brieftasche.

Ein Beispiel: Nur knapp ***ein Viertel der täglichen Wege*** im Salzburger Zentralraum werden mit öffentlichen Verkehrsmitteln zurückgelegt, einen Großteil davon machen die Wege von SchülerInnen sowie vieler älterer Menschen aus, die über kein Auto verfügen. Und jene, die mit dem Auto zur Arbeit oder anderen Erledigungen fahren, tun dies meist alleine. So pendeln täglich 40.000 - 50.000 Menschen mit dem Auto vom Umland in die Stadt Salzburg. ***In jedem Auto sitzen im Schnitt aber nur 1,2 Personen.***[1] Die Folgen sind bekannt: Täglich zumindest an Werktagen Staus zu den Spitzenzeiten an allen Einfallstraßen sowie im Stadtzentrum. Abgase, Lärm und „Besetzung“ der in Städten ohnedies knappen Flächen durch die Blechgehäuse auf vier Rädern bedeuten eine enorme Einschränkung der Lebensqualität für viele, die in Städten wohnen oder sich dort aufhalten. Dort wo der Durchzugsverkehr dazu kommt, wie etwa an Stadtautobahnen oder Durchzugsstrassen steigt die Belastung noch zusätzlich.

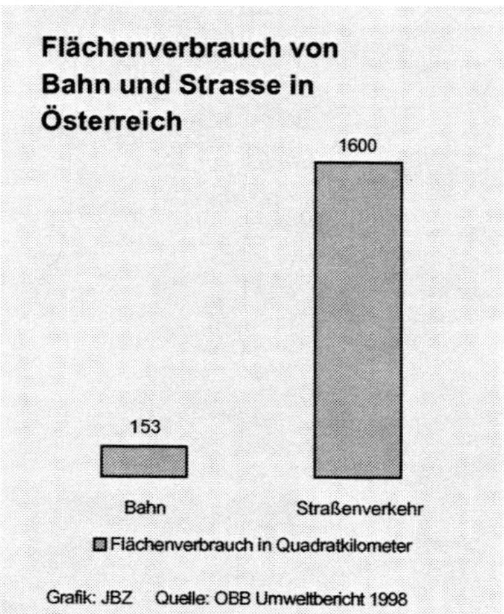

Aus ökologischer Sicht ist der öffentliche Verkehr dem PKW-Verkehr immer überlegen. Der spezifische Energieverbrauch des Autos ist mindestens dreimal so hoch wie jener der Bahn. Bei 50-prozentiger Auslastung benötigt ein Zug pro Personenkilometer nur knapp ein Drittel jener Energie, die ein PKW oder LKW verbrauchen.[2]

Laut „Umweltbilanz Verkehr Österreich 1950-1996“ des Bundesministeriums für Umwelt betrugen die jährlichen ***Emissionen*** der Straße bei Kohlendioxid und Stickstoffoxid mehr als das 50-fache, bei Schwefeldioxid immerhin das 17-fache jener der Schiene. Ein Trend, der sich bei unverändertem Mobilitätsverhalten leider fortsetzen wird.[3]

Auch in der ***Flächenbilanz*** schneidet der Öffentliche Verkehr bedeutend besser ab: Die vom Straßenverkehr beanspruchte Fläche ist in Österreich mit ca. 1.600 Quadratkilometern zehnmal so groß wie jene der Bahn (ca. 153 Quadratkilometer). Im Personenverkehr hat die Bahn einen um das 3,5fache geringeren spezifischen Flächenverbrauch gegenüber dem PKW. Das heißt, bei der gegenwärtigen Auslastung wird pro beförderter Person im Auto dreieinhalb mal mehr Fläche belegt als bei der Bahn. Im Güterverkehr verursacht die Schiene gar nur ein Fünfzehntel des Flächenverbrauchs des LKW-Verkehrs. Oder anders ausgedrückt: Eine zweigleisige, 3,7 Meter breite Bahnlinie hat die gleiche Transportkapazität wie eine sechsspurige Autobahn von 37,5 Meter.[4]

Die massive Ausweitung der Straßenverkehrsflächen hat zu vielen hässlichen ***„Autolandschaften“*** voll Asphalt,

Aus ökologischer Sicht ist der öffentliche Verkehr dem PKW-Verkehr immer überlegen. Der spezifische Energieverbrauch des Autos ist mindestens dreimal so hoch wie jener der Bahn.

Enorm ist auch der Flächenverbrauch des Autoverkehrs: Eine zweigleisige Bahnlinie hat die gleiche Transportkapazität wie eine sechsspurige Autobahn.

Die Straßenbaukunst von einst ist hässlichen Asphaltlandschaften gewichen.

Drei von vier lärmgeplagten Menschen finden aufgrund von Straßenverkehr- und Flugzeuglärm keinen ruhigen Schlaf. Das sind mehr als 1,7 Millionen Menschen in Österreich.

Wenn man bereits ein Auto besitzt, ist die Versuchung groß, damit auch in die Arbeit zu fahren. Doch der Umstieg auf das Öffentliche Verkehrsmittel hilft in der Regel auch Kosten sparen.

Betonbrücken, Riesenauffahrten und Parkflächen geführt, die nichts mehr mit dem zu tun haben, was früher einmal Straßenbaukunst genannt werden konnte. So zeichneten sich alte Straßen durch eine der Landschaft angepasste Trassenführung, ästhetische Randgestaltung und Säumung durch Baumalleen aus. All das ist dem Wachstumswahn des Autoverkehrs geopfert worden. Eine nachhaltige Entwicklung muss27 aber wieder auf ***Landschaftsästhetik*** achten.

Ähnlich negativ ist auch die Lärmbilanz des Autos. Wer unmittelbar an einer Bahnstrecke wohnt, ist sehr wohl einer starken ***Lärmbelastung*** ausgesetzt. Hier helfen nur Schutzwände sowie eine kontinuierliche Verbesserung der Bahntechnik. Nach Umfragen wird der Schienenverkehrslärm aber als geringere Ohrenbelastung empfunden als der Autoverkehrslärm, weil er keine Dauergeräusche, sondern „nur" vorübergehende Lärmhöhepunkte bildet (wenn diese insbesondere in der Nacht auch zu starken Beeinträchtigungen führen können). Zudem sind viel mehr Menschen von Auto- als von Schienenlärm betroffen.[5] Nach Umfragen fühlen sich nahezu 30 Prozent der österreichischen Bevölkerung in ihrer Wohnung durch Lärm gestört. Drei Viertel davon werden tagsüber zu Lärmopfern des Verkehrs. Drei von vier lärmgeplagten Menschen finden aufgrund von Straßenverkehrs- und Flugzeuglärm keinen ruhigen Schlaf. Das sind mehr als 1,7 Millionen Menschen in Österreich.[6]

Wenn man bereits ein Auto besitzt, ist die Versuchung groß, damit auch in die Arbeit zu fahren. Doch der Umstieg auf das öffentliche Verkehrsmittel hilft in der Regel auch ***Kosten sparen.*** Während bei Einzelfahrten das Auto leider noch immer „unschlagbar" billiger ist als etwa die Bahn, kehrt sich das Verhältnis bei Zeitkarten (Monats- und Jahreskarten) um. Und je besser der öffentliche Verkehr ausgelastet ist, umso effizienter und billiger wird dieser. Bei kürzeren Fahrten steigt die Negativbilanz des Autos weiter an, da der Treibstoffverbrauch durch Brems- und Beschleunigungsvorgänge, Staus und Überholmanöver zunimmt.

Am nachhaltigsten zur Arbeit fahren Sie mit dem öffentlichen Verkehrsmittel bzw. - falls Sie das Glück eines nur kurzen Arbeitsweges haben - natürlich mit dem Rad oder zu Fuß. Prüfen Sie Ihre Möglichkeiten, „öffentlich" zur Arbeit zu kommen. Stellen Sie Preis- und Zeitvergleiche an - vergessen Sie dabei aber nicht die täglichen Staus, die Sie sich mit dem öffentlichen Verkehrsmittel sparen, zu berücksichtigen. Holen Sie Erfahrungen von Freunden, Kollegen oder Nachbarn ein, die das öffentliche Verkehrsmittel benutzen. Wahrscheinlich sind Sie von den Vorteilen zu überzeugen. Wenn sie aber keine für Sie zufriedenstellende Lösung mit dem öffentlichen Verkehrsmittel finden, dann schließen Sie sich einer der Fahrgemeinschaften an oder gründen eine eigene mit Kollegen oder Nachbarn. Sie tragen damit bei zu mehr Legensqualität für uns alle, entgehen Stress und Staubelastung und sparen auch noch Geld dabei.

---

1 Angaben der Abteilung für Verkehr des Landes (Dr. Schnürer beim 6. Salzburger Klimagipfel) sowie der Landeskorrespondenz („Unser Land" 24/97).

2 nach Petra Stephan: Tourismus und Nachhaltigkeit. In: Globale Trends 2000. Fischer: Frankfurt, 1999.

3 zit. n. ÖBB-Umweltbericht. Wien 1998, S. 8

4 ebd. S. 11.

5 Mikrozensuserhebungen des Österreichischen Statistischen Zentralamts, zit. n. Umweltbundesamt (Hg.): Umweltsituation in Österreich. 5. Umweltkontrollbericht. Wien, 1998, S. 617ff

6 zit. n. VCÖ: Verkehrslärm macht krank. Verkehr aktuell 4/2000, S. 1

TIPP 20: PS-Ritter haben ausgedient.

Planen Sie richtig: Platz- und energiesparenden Fahrzeugen gehört die Zukunft. Und bedenken Sie: menschliche Größe hat nichts mit PS zu tun.

Während 1950 weltweit auf den Straßen „nur“ 53 Millionen Autos fuhren, sind es heute mit über 600 Millionen Fahrzeugen mehr als zehnmal soviel. Vier Fünftel der Autos fahren in den industrialisierten Ländern des Nordens. Doch asiatische und lateinamerikanische „Schwellenländer“ holen auf. Zukunftsfähig sind nur neue Mobilitätskonzepte, in denen das Auto *ein* Baustein ist, nicht jedoch der wichtigste.

Bei einem konstanten Wachstum von 16 Millionen Fahrzeugen jährlich würden bereits ***2025 weltweit über 1 Milliarde Autos*** unterwegs sein, so das World Ressources Institute.[1] Die OECD rechnet gar schon 2015 mit dem Überschreiten der Milliardengrenze.[2] Die größten Wachstumsraten werden in Asien erwartet, wo nach OECD-Prognose 2015 bereits 160 Mio. Autos (ohne Japan) fahren sollen. Allein der Markt in Korea wird auf über 20 Mio. Fahrzeuge geschätzt. In China und Indien gibt es heute nur acht bzw. sieben Fahrzeuge pro 1.000 Einwohner, in den USA sind es 750, in Österreich etwas über 400.

Das jährliche Wachstum beim Fahrzeugbestand liegt in China bei 1 Prozent, in Indien bei 7 Prozent. Drei Viertel der für die nächsten Jahre geplanten Autofabriken liegen in Osteuropa, Lateinamerika und Asien.[3]

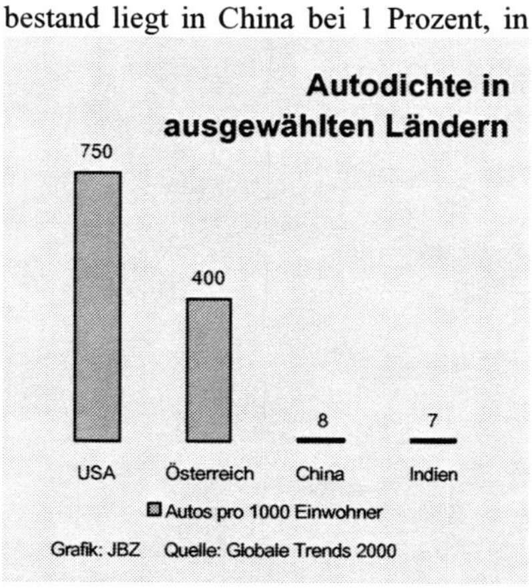

Auch wenn gegenwärtig allein im Raum Los Angeles noch mehr Autos fahren als in ganz China[4], werden dort die großen ***Zukunftsmärkte*** gesehen. Die Autoentwicklung wird – wie in Nordamerika und Westeuropa – parallel zur Wirtschaftsentwicklung, also dem verfügbaren Pro-Kopf-Einkommen, steigen. Auch in Österreich war die Motorisierung eng mit der wirtschaftlichen Entwicklung verbunden. Kamen etwa im Bundesland Salzburg 1950 auf 1 Auto noch über 100 EinwohnerInnen, so sank dieser Wert innerhalb eines Jahrzehnts mit dem beginnenden Wirtschaftswunder auf 18 EinwohnerInnen pro Auto. Heute kommt statistisch hochgerechnet bald auf jeden zweiten Einwohner Salzburgs ein Auto.[5] Österreichweit verfügen heute drei Viertel aller Haushalte über (mindestens) ein Auto, ein Viertel „schafft“ es nicht mehr ohne Zweitwagen (1993 waren es erst 17 Prozent).[6]

Das ***weltweite Anwachsen*** der Autos war daher vorhersehbar. Nur die Förderung anderer Mobilitätskonzepte in Verbindung mit einer Verteuerung des Autoverkehrs – die Verknappung des Rohstoffs Öl wird in den nächsten Jahrzehnten zu einem spürbaren Anstieg der Benzinpreise führen[7] - bietet eine realistische Chance, die Wachstumstrends abzuschwächen.

Derzeit werden jährlich bis zu ***70 Millionen neue Autos*** von den Fließbändern gelassen, das sind mehr als 1 Million pro Woche. Die Automatisie-

Während 1950 weltweit auf den Straßen nur 53 Millionen Autos fuhren, sind es heute mit über 600 Millionen Fahrzeugen mehr als zehnmal soviel.

Auch wenn gegenwärtig allein im Raum Los Angeles noch mehr Autos fahren als in ganz China, werden dort die großen Zukunftsmärkte gesehen.

Derzeit werden jährlich bis zu 70 Millionen neue Autos von den Fließbändern gelassen, das sind mehr als 1 Million pro Woche.

Über 60 Prozent der Weltbank-Kredite sind laut Institut für Internationalen Transport und Entwicklungspolitik in den letzten 30 Jahren in den Bau von Strassen und Autobahnen geflossen.

Weltweit verursacht der Straßenverkehr jährlich rund 700.000 Tote und über 10 Millionen Verletzte. Kinder, Fußgänger und Radfahrer sind die häufigsten Opfer.

rung in den Fertigungshallen führt zu einer ständigen Erhöhung der Stückzahlen pro Zeiteinheit und Arbeitskraft. Der derzeitige Jahresverkauf an Autos schwankt zwischen 60 und 70 Millionen Stück, etwa ein Viertel gehen an ErstbesitzerInnen, drei Viertel fallen im Zuge von Erneuerungskäufen an. Produktionsüberschüsse „zwingen" dazu, neue Märkte zu finden.[8] Die Dynamik des „Autowachstumswahns" zeigt auch die bereits zitierte OECD-Statistik. Die Jahresautoproduktion ist in Nordamerika von 8 Mio. und Westeuropa von 6 Mio. Fahrzeugen im Jahr 1960 auf 15 bzw. 14 Mio. Fahrzeuge im Jahr 1995 gestiegen. Japan und Korea haben ihre Autoproduktion innerhalb dieser 35 Jahre von beinahe Null auf über 12 Mio. Fahrzeuge pro Jahr gesteigert. Die Autoproduktion der Zukunft soll nach OECD-Prognosen jedoch im übrigen Asien, vor allem in China liegen, wo 2015 über 20 Mio. Fahrzeuge, ebenso viele wie in Nordamerika, erzeugt werden sollen.[9]

Die ***Automobilisierung*** wird auch durch die autozentrierte Entwicklungspolitik gefördert. Über 60 Prozent der Weltbank-Kredite sind laut Institut für Internationalen Transport und Entwicklungspolitik (ITDP) in den letzten 30 Jahren in den Bau von Strassen und Autobahnen geflossen.[10]

Meist verdrängt, wenn auch täglich aus den Medien zu erfahren, wird der ***Blutzoll***, den der Autoverkehr fordert. Nach Angaben des Europa-Büros der Weltgesundheitsorganisation (WHO) verlieren allein in Europa jährlich 20.000 Menschen ihr Leben auf der Straße, jeder Dritte ist weniger als 25 Jahre alt. Weltweit fordert der Straßenverkehr pro Jahr ca. 700.000 Tote und über 10 Millionen Verletzte. Kinder, Fußgänger und Radfahrer sind die häufigsten Opfer.[11]

Auch die „Opferbilanz" in Österreich ist alles andere als rühmlich. An die 1000 Menschen jährlich sterben auf Österreichs Strassen, das sind fast drei jeden Tag, eine Familie sozusagen.[12]

Das Auto verursacht aber nicht nur Unfälle, Lärm und Emissionen, darunter den größten Teil der treibhauswirksamen CO_2-Gase *(s. Tipp 18)*, sondern hat einen weiteren Aspekt der Nichtnachhaltigkeit – nämlich eine ***hohe Materialintensität***, die als ökologischer Rucksack bei seiner Herstellung sowie als Abfall nach seiner Verschrottung „zu Tage tritt". Für ein Auto, das selbst 1 Tonne wiegt, werden etwa 25 Tonnen Material für die Produktion umgesetzt. Der Großteil, nämlich über 21 Tonnen, fällt als Abraum für die Gewinnung der notwendigen Rohstoffe an.[13] Und jedes Auto wird irgendwann einmal – der durchschnittliche Lebenszyklus eines Autos wird von der EU mit 8-11 Jahren angegeben – in der Höhe seines Eigengewichts zu Abfall.

Nach Berechnungen des Wuppertal-Instituts weist ein Auto von einer Tonne Eigengewicht einen ökologischen Rucksack von 70 Tonnen auf. Neben den für die Produktion anfallenden Materialmengen werden darin auch der Sprit für den Betrieb, das Wasser zum Waschen des Autos – für jeden Waschgang laufen 150 Liter Trinkwasser in den Abfluss – sowie der Aufwand für die Entsorgung eingerechnet.[14]

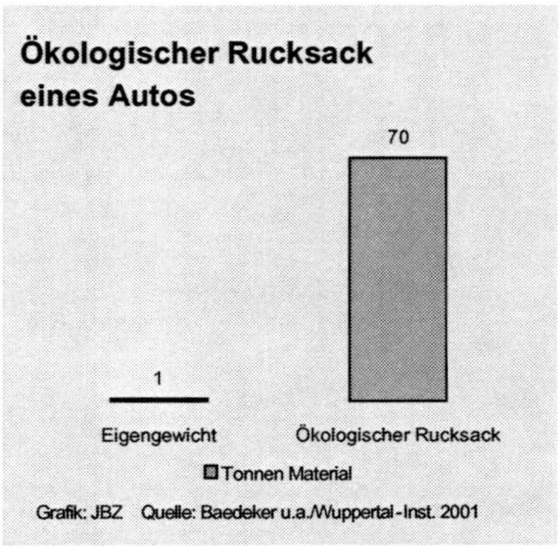

Wie kann ich als Einzelner zu einem nachhaltigeren Umgang mit der Automobilität beitragen? VorreiterInnen, die ihr Leben gänzlich ohne Auto organisieren, sind wichtig. Sie leben ***autolose Alternativen*** vor und machen damit zumindest vorstellbar, dass es auch „ohne“ geht. Eine nachhaltige Entwicklung muss aber auch jene Mehrheit ansprechen, die sich (zumindest gegenwärtig) ein Leben ohne Auto nicht vorstellen kann. Ein nachhaltigerer Umgang mit dem Auto beginnt bereits beim Kauf des Fahrzeugs. Welche Kaufmotive sind für die Wahl entscheidend? Erstehe ich wirklich jenes Auto, das meinem Bedarf an Größe und PS entspricht? Denn: Treibstoffarme, rohstoff- und platzsparende Klein- und Mittelwägen sind in jedem Fall die ökologischere Variante.

Der gegenwärtige Trend beim Autokauf in Österreich weist leider in die falsche Richtung. Jährlich werden um die 300.000 Autos neu angemeldet. Bereits 44 Prozent aller Pkw in Österreich weisen mehr als 68 kW, also mehr als 90 PS auf. Eine Entwicklung, die durch den Trend zum Kleinbus (Van) noch verstärkt wird.[15]

Stellen wir eine einfache Rechnung an: In Österreich sind derzeit an die 3,9 Millionen Pkws registriert, Kleinwägen sind dabei noch immer eine Minderheit. Nehmen wir an, diese Autos haben eine durchschnittliche Länge von 4,5 Metern, so ergeben diese aneinandergereiht eine Strecke von 17.550 Kilometern, was siebzehnmal der Strecke Wien – Bregenz (Autobahn) entspricht. Nehmen wir weiter an, dass jedes Auto durchschnittlich 8 Quadratmeter Fläche belegt, so kommen wir auf eine Gesamtfläche von 2.400 Quadratkilometern, die in Österreich von Autos besetzt werden, was mehr als einem Viertel der Fläche des Bundeslandes Salzburg gleichkommt. Würden Autos für vier Personen generell nur mehr 3 Meter Länge aufweisen dürfen (solche Autos sind bereits auf dem Markt), würde dies allein für Österreich

Nehmen wir an, die 3,9 Millionen Autos in Österreich haben eine durchschnittliche Länge von 4,5 Metern, so ergeben diese aneinandergereiht eine Strecke von 17.550 Kilometern, was etwa siebzehnmal der Autobahnstrecke Wien – Bregenz entspricht.

Energielabel für Autos: Die CO_2-Emissionen eines durchschnittlichen Neuwagens betragen in den EU-Staaten 176 g/km. Für 2003 peilt die EU einen Durchschnittswert von 165-170 g/km an. Für 2009 haben sich die Kfz-Hersteller zu einem Ziel von 140 g/km, das entspricht einem 6-Literauto, verpflichtet. Spätestens 2012 sollen 120 g/km erreicht werden. Neu auf den Markt kommende Autos dürften dann nur mehr etwa 5 Liter Treibstoff auf 100 km brauchen. Kein allzu hehres Ziel, wenn man bedenkt, dass bereits jetzt 3-Literautos verkauft werden. Um das Ziel zu erreichen, verpflichtet die EU die Mitgliedsländer, Energielabels für Autos einzuführen. In Österreich müssen ab Mai 2001 alle in Schauräumen und Autohäusern zum Kauf oder Leasing angebotenen Autos mit solchen Labels hinter der Windschutzscheibe versehen sein. Neben dem Verbrauchswert (Liter pro 100 Kilometer und dem Emissionswert (Gramm CO_2 pro km) werden Hinweise zum Einfluss der Fahrweise auf den Verbrauch angezeigt. Und optional, d.h. freiwillig, auch Biodieseltauglichkeit, Normverbrauchsabgabe u.a. Kernstück des Labels ist eine farbige Skala, in der das jeweilige Auto nach seinen CO2-Emissionen eingestuft wird. Die Skala reicht von 60 bis 300 g/km. Die besten Modelle erreichen heute schon Emissionswerte unter 100 g/km. Ein Leitfaden über den Treibstoffverbrauch aller in Österreich erhältlichen Modelle ist kostenlos bei den Autohändlern erhältlich. Und auch in der Autowerbung müssen die CO_2-Werte gut ersichtlich angegeben werden. *(n. Energiewende. Zeitschrift des Ökoinstituts, September 2001, S. 10*

Die Fahrzeughersteller der EU haben sich verpflichtet, bis spätestens 2012 nur mehr 5-Liter-Autos auf den Markt zu bringen. Autowerbung muss zukünftig den CO_2-Verbrauch der Modelle ausweisen.

Auto-Umweltliste des VCÖ: Sehr ausführliche Informationen enthält die jährlich erscheinende **Auto-Umweltliste** des Verkehrsclub Österreich (VCÖ), in der neben Preis, Gewicht, Hubraum und PS detailliert auch Schadstoffemissionen, Lärmentwicklung sowie der Treibstoffverbrauch aller Autotypen erfasst sind. Die Daten werden entsprechend den geltenden EU-Umweltnormen geprüft und mit Öko-Punkten bewertet. Aufschlussreich ist auch die Berechnung der durchschnittlichen Kilometerkosten, die aus Anschaffungspreis, Betriebskosten und Wertverlust errechnet werden. Während die Kosten pro gefahrenem Kilometer bei Großwägen zwischen 35 und 60 Cent liegen, berappen Sie für Klein- und Mittelwägen nur etwa 20 bis 30 Cent. Eine Autoumweltliste gibt es auch vom Verkehrsclub Deutschland (VCD).
(Infos: VCÖ-Verkehrsclub Österreich, www.vcoe.at)

Während die Kosten pro gefahrenem Kilometer bei Großwägen zwischen 35 und 60 Cent liegen, berappen Sie für Klein- und Mittelwägen nur etwa 20 bis 30 Cent.

den Platzbedarf der Autos um ein Viertel verringern. Nehmen wir weiter an, die in Österreich gefahrenen Autos wiegen durchschnittlich eine Tonne, so kommen wir auf ein Gesamtautogewicht von 3,9 Millionen Tonnen und bei 25 Tonnen Materialverbrauch pro Tonne Eigengewicht auf einen ökologischen Gesamtrucksack von 87,5 Millionen Tonnen. Da sich bei einer Redimensionierung der Autogröße eine Verringerung des Autoeigengewichts um mindestens ein Drittel technisch leicht erreichen ließe, bedeutete dies eine Einsparung von fast 30 Millionen Tonnen Naturverbrauch und eine Verringerung des zukünftigen Autoabfalls um 1,3 Millionen Tonnen.

Da es die gesetzliche Beschränkung auf maximale Autogrößen (PS, Material- und Energieverbrauch sowie Autolänge in Bezug auf Personenkapazität) noch nicht gibt (diese würde auch das Geschwindigkeitsüberschreitungsproblem lösen!), liegt es am Käufer bzw. der Käuferin, mit der ***Wahl eines Kleinwagens*** einen kleinen Beitrag zu mehr Nachhaltigkeit zu leisten. Die Autohändler haben natürlich Interesse, möglichst teure und große Autos zu verkaufen. Doch gibt es gute Informationsquellen für einen „ökologischen" Autokauf. (s. dazu die Kästen auf dieser und der vorhergehenden Seite).

Es wäre natürlich ökologisch unsinnig, alle vorhandenen Autos auf einmal auszutauschen. Der Umstieg auf Kleinwägen würde sich allmählich nach den ***Erneuerungszyklen der Fahrzeuge*** (8-11 Jahre) ergeben. Es ist daher auch sinnvoll, Autos, wenn sie schon einmal da sind, solange als möglich zu nutzen. Denn mit der Verkürzung der Nutzungsdauer und der Zunahme der Neuzulassungen steigt der zu entsorgende Altautobestand wie der Naturverbrauch für die Neuwägen. In Österreich fielen in den letzten fünf Jahren durchschnittlich rund 180.000 Alt-Pkw pro Jahr an, wobei der Trend nach oben weist.[16]

Ein großes, noch nicht gelöstes Problem stellt die ***Entsorgung der Altautos*** dar. Eine Richtlinie der EU-UmweltministerInnen, der gemäß die „umweltfreundliche" Entsorgung von Altautos künftig hauptsächlich von den Autoherstellern bezahlt werden soll, wurde auch vom Europäischen Parlament bekräftigt, stößt aber auf heftigen Widerstand der Autoproduzenten.[17]

Carsharing: Diese Form des Autoteilens existiert mittlerweile in vielen Städten und Ländern. Carsharing ist ideal für Menschen, die ihre meisten Wege mit dem öffentlichen Verkehr zurücklegen, aber ab und zu auf ein Auto angewiesen sind oder sich dieses leisten wollen. Sie werden Mitglied einer Initiative und können an allen Standorten/Städten des Netzes auf Fahrzeuge zugreifen. In Österreich existiert ein gut funktionierendes und in allen Bundesländern ausgebautes Netz von „Denzel-Drive". Es verspricht, bis zu einer Jahresfahrleistung von 12.000 Kilometern günstiger als der Eigenbesitz eines PKWs zu sein.
(Infos: www.denzeldrive.at)

Autofrei wohnen: Eine nachhaltige Stadtentwicklung findet ihre konsequenteste Umsetzung im Konzept autofreier Wohnsiedlungen. Darin verpflichten sich die BewohnerInnen beim Erwerb oder Anmieten der Wohnung, auf den Besitz eines eigenen Autos zu verzichten. Erreicht wird eine starke Reduzierung der Stellplätze und ein autofreies Wohngefühl. In autoarmen Wohnprojekten oder Stadtteilen werden Anreize geschaffen, auf ein eigens Auto zu verzichten. Die Mobilität wird sichergestellt durch attraktive öffentliche Verkehrsmittel (teilweise ist die ÖV-Jahreskarte in die Miete integriert), Carsharing-Netze (Gemeinschaftsautos, die per Chipkarte auf Stunden- und Kilometerkostenbasis zur Verfügung stehen) sowie tolle Fahrradinfrastrukturen. Beispiele sind beschrieben in: *Wolfgang Christ, Willi Loose: Städtebauliche und ökologische Qualitäten autofreier und autoarmer Stadtquartiere. Bauhaus Universität Weimar, Öko-Institut, Freiburg: Eigenverlag, 2001.*

Ein Schritt zu mehr Nachhaltigkeit kann auch darin liegen, die Mobilität so zu organisieren, dass ***pro Haushalt nur ein Auto*** notwendig ist (keine Zweit- oder Drittautos). Eine sinnvolle Zukunftsperspektive liegt im ***Nutzen statt Besitzen***. Wenn es attraktive Angebote an Leihautos gibt, kann der Verzicht auf ein eigenes Autos möglicherweise leichter fallen. Leihsysteme sind wie das gemeinsame Nutzen von Fahrzeugen in **Carsharing-Pools** dann sinnvoll, wenn das Auto nur für besondere Anlässe – sei es für einen Ausflug oder zum Transportieren bestimmter Güter – gebraucht wird, die täglichen Weg (zur Arbeit, Alltagskäufe usw.) jedoch ohne Auto organisiert werden *(s. Kasten S. 58).*

Es wird auch in Zukunft Autos geben. Aber der Autoverkehr von morgen muss anders aussehen als der von heute. Wir brauchen energieeffiziente und bedarfsgerechte Autos, alternative Antriebe und sinnvolle Mobilitätskonzepte (Ökoverbund). Denn: Das Auto hat nur eine Zukunft, wenn wir bereit sind, seine Benutzung auf das unbedingt notwendige Maß zu reduzieren und dieses intelligent nutzen.

---

[1] Quelle: World Ressources Institute, zit. n. Globale Trends 2000. Frankfurt: Fischer, 1999, S. 312
[2] OECD-Zahlen nach: Auto und Automobilismus. Jahrbuch Technik und Gesellschaft, Frankfurt: Campus, 1999. S. 291f.
[3] World Ressources Institute, zit. n. Globale Trends 2000. (Anm. 3) S. 312
[4] Südwind-Magazin, 1/2000 (Themenschwerpunkt „Klimaerwärmung)
[5] Angaben nach ÖSTAT, diverse Jahre.
[6] Konsumerhebung 1999/2000 der Statistik Austria. Zit. n. www.statistik.at.
[7] Eine Schätzung des World Coal Institute geht bei einer Fortschreibung der prognostizierten Verbrauchszunahmen von einem Versiegen der Rohölquellen bereits nach 40 Jahren aus. Nach: Österreichs Wirtschaft im Jahr 2000. Wien: 1999.
[8] Lothar Mayer: Ausstieg aus dem Crash. Oberursel: Publik-Forum-Verl., 1999
[9] OECD-Zahlen nach: Auto und Automobilismus (Anm. 2), S. 291f
[10] Paul S. White vom ITDP bei einer Tagung der Evangelischen Akademie Bad Boll, Pressemitteilung vom 10.5.2000.
[11] Carlos Dora vom Europa-Büro der WHO bei einer Tagung der Evangelischen Akademie Bad Boll, Pressemitteilung vom 10.5.2000.
[12] Quellen: ÖSTAT
[13] Quelle: Umweltbundesamt, Wien, zit. n. Reparaturgesellschaft und lokale Ökonomie. JBZ u.a., 1998
[14] Zit. n. Carolin Baedeker u.a.: Clever leben. MIPS für KIDS. Zukunftsfähige Konsum- und Lebensstile als Unterrichtsprojekt. München: Ökom-Verl., 2001, S. 23
[15] Nach: Salzburger Nachrichten, 20.1.2000.
[16] Renate Gabriel: Autoverwertung. Fallstudien zur Behandlung von Alt-Pkw in Autoverwertungsbetrieben. AK-Informationen zur Umweltpolitik Nr. 133 (1999)
[17] Vgl. Werner Hochreiter (Hg.): Abfallpolitik und Konsumenteninteressen. Künftige Regelungen für Altautos und Elektrogeräte am Prüfstand. AK-Informationen zur Umweltpolitik Nr. 132 (1999); sowie „Industrie blecht für Rostlauben", Süddeutsche Zeitung, 4.2.2000

Menschen in autofreien Wohnprojekten sind ebenso mobil, auch wenn sie ohne eigenes Auto auskommen. Da es keine Parkflächen und Tiefgaragen braucht, werden Kosten gespart und Flächen frei für Gemeinschaftseinrichtungen wie Gärten usw.

TIPP 21: Langlebige Produkte

Müll trennen ist gut, besser ist, ihn gar nicht entstehen zu lassen. Nachhaltige Entwicklung setzt auf eine drastische Reduzierung unseres Materialdurchsatzes.

Bessere Schornsteinfilter, Katalysatoren für unsere Autos sowie Mülltrennen galten lange als Inbegriffe des Umweltschutzes.

Umweltverbrauch und Umweltbelastung hängen wesentlich mit den Materialmengen zusammen, die wir der Umwelt entnehmen. Gemeint ist damit die Ressourcenintensität unseres Wirtschaftens, Produzierens und Konsumierens.

Umweltschutz im Sinne nachhaltiger Entwicklung darf sich nicht mit besseren Schornsteinfiltern zufrieden geben, sondern erfordert eine drastische Reduzierung unserer Ressourcenverbräuche. Notwendig ist der Übergang von der Wertschöpfungsgesellschaft zur Werterhaltungsgesellschaft. Langlebige Produkte, Reparieren und Warten sowie gemeinsames Nutzen sind die Leitplanken, die es zu befolgen gilt.

Was die letzten Jahrzehnte in der Umweltpolitik entwickelt und betrieben wurde, wird unter dem Begriff ***„End-of-the-Pipe“-Umweltschutz*** treffend beschrieben. Was am Ende der Produktions- und Verbrauchsketten an problematischen Stoffen übrig blieb, sollte reduziert bzw. entgiftet werden. Bessere Schornsteinfilter, Katalysatoren für unsere Autos sowie Mülltrennen galten als Inbegriffe des Umweltschutzes. Umweltverbrauch und Umweltbelastung hängen aber wesentlich mit den Materialmengen zusammen, die wir der Umwelt entnehmen. Gemeint ist damit die Ressourcenintensität unseres Wirtschaftens, Produzierens und Konsumierens.

Mit Hilfe von ***Materialflussrechnungen*** wird nun der Nachweis versucht, wie viel fossile und mineralische Materialien sowie Biomasse der Natur entnommen wird und was mit diesen Materialien geschieht. Berechnungen für Österreich (Bezugsjahr 1997) ergaben einen Jahresmaterialfluss von 191 Millionen Tonnen, das macht etwa 25 Tonnen pro Kopf. 131 Millionen Tonnen (etwa 70 Prozent) entstammen inländischer Entnahme, der Rest von 59 Millionen Tonnen (immerhin an die 30 Prozent) wird importiert. Mehr als die Hälfte der Entnahmen, nämlich 109 Millionen Tonnen, entfallen auf mineralische Materialien (vor allem Baustoffe, aber auch Erze), 54 Tonnen, das heißt etwa mehr als ein Viertel, auf Biomasse (Holz, Lebensmittel u.a., jedoch ohne Wasser und Luft). 29 Millionen Tonnen (etwas mehr als 6 Prozent) werden in Form von Kohle, Erdöl und Erdgas „verbraucht“. Rund 70 Millionen Tonnen, also mehr als ein Drittel der 191 Millionen Tonnen, die der Natur entnommen wurden, gehen als Emissionen und Abfälle (bzw. 13 Millionen Tonnen durch gezielte Ausbringung, wie Düngung) wieder an die Umwelt zurück. 31 Millionen Tonnen werden exportiert und 87 Millionen Tonnen, darunter 82 Millionen Tonnen mineralische Materialien, stellen Bestandszuwächse in Form von Bauten dar. ***Einer Wiederverwertung zugeführt werden lediglich 5 Prozent des Materialdurchsatzes.***[1]

Da die Bautätigkeit in Zukunft etwas zurückgehen wird, ist mit einer Abnahme des Verbrauchs von mineralischen Materialien zu rechnen. Der hochgerechnete Stoffdurchsatz jedes Österreichers und jeder Österreicherin von 25 Millionen Tonnen jährlich oder ca. 70 Kilogramm täglich ist aber um vieles zu hoch. Und er verdreifacht sich, wenn man die ökologischen Rucksäcke unserer Importe sowie den Wasser- und Luftverbrauch mit einbezieht. Die Materialintensitätsanalysen des Wuppertal-Instituts für Klima, Umwelt, Energie kommen für Industriestaaten auf ***60 bis 80 Tonnen Material pro EinwohnerIn.*** Darin sind die ökologischen Rucksäcke, die wir etwa für den Import jeder Tonne Erze als Rohstoff oder in verarbeiteten Produkten in Form von Abraum und Abbaukosten hinterlassen (für 1 Tonne Stahl werden 7 Tonnen Abraum, für Aluminium gar 85 Tonnen Abraum veranschlagt), ebenso eingerechnet wie der Energieverbrauch für das importierte Glashausgemüse oder der Verlust an Böden (Erosion) durch Plantagenwirtschaft für importierte Futtermittel.[2]

Neben der Zunahme der Materialintensität bleiben aber Emissionen und Abfall zentrale ökologische Probleme. ***Mülltrennen*** wird auch in Zukunft Sinn machen. Wichtiger aber wird sein, Müll erst gar nicht mehr entstehen zu lassen. Die Abfallintensität unseres Konsums hält nämlich trotz Zunahme bewusstseinsbildender Maßnahmen sowie politischer Anstrengungen (etwa Verpackungsverordnung, Abfallrücknahmesysteme) praktisch ungebrochen an. Eine Studie der Bundesarbeiterkammer kam zum Ergebnis, dass die Abfallrücknahmesysteme (Papier, Kunststoff, Glas, Metall) nicht zu einer Abnahme des Abfallaufkommens, sondern lediglich zu einer Verlagerung von der Deponierung zur Verwertung (Recycling, aber auch Verbrennung – „thermische Verwertung") geführt haben. Die Abfallintensität hat laut dieser Studie sogar zugenommen: Während im Jahre 1984 tausend Schilling (ca. 70 Euro) privater Konsum noch 2 Kilogramm kommunalen Abfall erzeugten, waren dies 1996 (berechnet auf der Preisbasis von 1983) schon 3 Kilogramm.[3] Wenn man hinzurechnet, dass der private Konsum auch absolut weiter gestiegen ist, weil einfach mehr Kaufkraft zur Verfügung steht, wirkt diese Zunahme der „Müllintensität" doppelt negativ.

Insbesondere entstehen neue „Arten" von Müll, die einer besonderen Behandlung bedürfen. Neben Altautos *(s. Tipp*

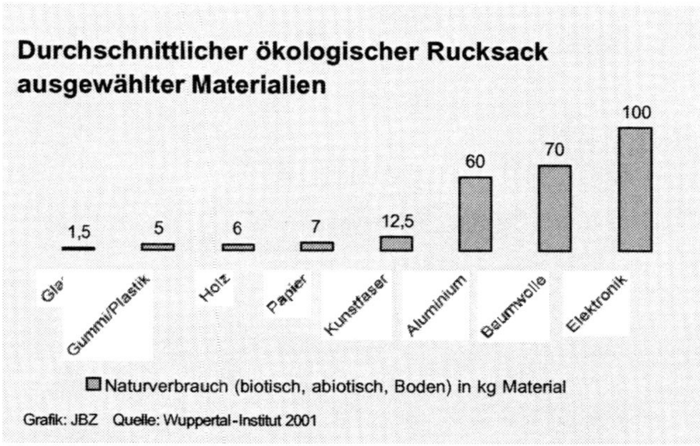

Grafik: JBZ Quelle: Wuppertal-Institut 2001

20) zählt dazu insbesondere der ***Elektronikmüll.*** In Österreich fallen jährlich an die 80.000 Tonnen Elektroaltgeräte an. Der Elektronikschrottberg in der EU wird sich – so Prognosen – in den nächsten drei Jahren verdoppeln und auf 15 Millionen Tonnen anwachsen.[4] Werden Elektroaltgeräte gegenwärtig meist verschreddert und in der Folge Metalle von Nichtmetallen getrennt, so wird von AbfallexpertInnen eine mechanische Zerlegung aufgrund gefährlicher Substanzen sowie der Verschleppungsgefahr von Schadstoffen im Recyclingprozess gefordert.[5]

Auch wenn mit diesen Bergen an Elektronikschrott neue kostenaufwendige Entsorgungsprobleme auf uns zu kommen, so verstellt der einseitige Blick lediglich auf die Abfallseite die Sicht auf jene Berge an Müll, die bereits bei der Herstellung der Geräte anfallen. Wenn die Informationsgesellschaft als Hoffnungsträger einer ***dematerialisierten Wirtschaftsweise*** angepriesen wird, übersieht man dabei, dass für eine Tonne Computer zuvor bereits mehrere Hundert Tonnen Material umgesetzt worden sind.[6]

Es ist daher eher rührend, wenn PCs neuerdings einen Sparbetriebsmodus aufweisen, durch die rasanten Innovationszyklen aber Berge von Geräten noch funktionstauglich oder gar ungebraucht auf der Müllhalde landen.

Wenn die Informationsgesellschaft als Hoffnungsträger einer dematerialisierten Wirtschaftsweise angepriesen wird, übersieht man dabei, dass für eine Tonne Computer zuvor bereits mehrere Hundert Tonnen Material umgesetzt worden sind.

Mit der bewussten Achtung auf Qualitätsprodukte etwa mit längerer Garantiezeit, dem Verwenden von mehrfach verwendbaren Systemen, dem Einfordern von nachrüstbaren Geräten oder dem Leasen bzw. gemeinsamen Nutzen von Produkten können Sie Schritte in Richtung nachhaltiger Ressourcennutzung setzen.

Die Beispiele ließen sich beliebig fortsetzen. Während in von Knappheit bestimmten Ökonomien die Beständigkeit, Langlebigkeit und Reparierbarkeit von Geräten ein ökonomisches Muss darstellt, hat sich dies in der ***Verschleißgesellschaft*** umgekehrt. Die (scheinbar) billige Verfügbarkeit von Rohstoffen sowie die relativ billige Fertigung von Neugeräten aufgrund der Automatisierung hat es unrentabel gemacht, Dinge zu reparieren. Da aber gegenwärtig etwa 20 Prozent der Weltbevölkerung 80 Prozent der Ressourcen verbrauchen und wir kein Recht haben, den Ländern des Südens „nachholende Entwicklung" zu verbieten, kann dies nicht nachhaltig sein. Gefordert ist eine Reduzierung des Ressourcenumsatzes bis zu einem Faktor 10. Das bedeutet, dass der Verbrauch von Metallen, Kunststoffen, Energie (soweit sie nicht erneuerbar ist) um bis zu 90 Prozent innerhalb der nächsten Jahrzehnte zurückgehen muss.[7]

In Zukunft müssen daher die ökologischen Rucksäcke aller unserer Produkte und Dienstleistungen berücksichtigt werden – der Ökologe Friedrich Schmidt-Bleek spricht von „MIPS - Materialintensität pro Serviceeinheit".

Der Übergang zu einer ***„Werterhaltungsgesellschaft"***[8], die die „Wertschöpfungsgesellschaft" ablöst, kann nur durch geänderte Rahmenbedingungen gelingen, in denen die Aufgaben des Staates sowie der sozialen Sicherung mehr durch Ressourcensteuern und weniger durch Steuern auf Arbeit finanziert werden. Nur wenn Rohstoffe und Energie teurer und menschliche Arbeiten (wieder) billiger werden, haben langlebige Produkte sowie Wartungs- und Reparaturdienste ökonomisch gesehen eine Chance. Die Reparatur von Geräten muss billiger sein als der Kauf eines neuen. Und – über die Zeit gerechnet – muss sich das Erstehen eines langlebigen Produktes mehr rechnen als der Kauf von Billigware. Friedrich Schmidt-Bleek spricht daher neben MIPS auch von COPS – also „Costs pro Service-Einheit".[9]

Mit der bewussten Achtung auf Qualitätsprodukte (etwa mit längerer Garantiezeit), dem Verwenden von mehrfach verwendbaren Systemen (z.B. Tonerfüller), dem Einfordern von nachrüstbaren Geräten (etwa PCs) oder dem Leasen bzw. gemeinsamen Nutzen von Produkten (etwa Pools für Werkzeuge) können Sie auch als KonsumentIn Schritte in Richtung nachhaltiger Ressourcennutzung setzen.

---

[1] Österreichischer Zahlenspiegel. Statistik Österreich. April 2000.
[2] Stefan Bringezu (Hg.).: Stoffströme. Die materielle Basis von Industriegesellschaften. Basel u.a.: Birkhäuser, 1998.
[3] Goldschmid, Hauer: Kosten der Abfallwirtschaft für Konsumenten. Studie im Auftrag der Bundesarbeiterkammer 1997, S. 5f.
[4] Reinhold Christian, Axel Dick: Wohin mit dem Elektronikschrott? In: Umwelt & Gemeinde. Wien, Frühling 2000, S. 18. Andere Quellen sprechen von 100.000 Tonnen sowie einer nicht bekannten Dunkelziffer (vgl. etwa Josef Eisenriegler: Das Reparatur- und Servicezentrum RUSZ. In: Reparaturgesellschaft und lokale Ökonomie. JBZ u.a., Salzburg, 1999,
[5] Gegenwärtig müssen FCKWs aus Kühlanlagen sowie PCB-haltige Stoffe aus Elektrogeräten (Kondensatoren) gesondert entsorgt werden. Vgl. Reparaturgesellschaft und lokale Ökonomie (Anm. 4), S.21
[6] Fritz Lehner, Friedrich Schmidt-Bleek: Die Wachstumsmaschine. Der ökonomische Charme der Ökologie. München: Droemer-Knaur, 1999 ,S. 177
[7] vgl. die vom Wuppertal-Institut für Klima, Umwelt, Energie verfasste Studie „Zukunftsfähiges Deutschland" (Berlin u.a.: Birkhäuser, 1996), aber auch österreichische Studien wie „Sustainable Austria" von Miachael Kosz u.a. (Friends of the Earth, Wien, 1997) oder „Der Stoffwechsel industrieller Gesellschaften" von Walter Hüttler u.a. (in: Fischer-Kowalski, Marina u.a.: Gesellschaftlicher Stoffwechsel und Kolonisierung von Natur. Amsterdam: G+B Verl. Fakultas, 1997).
[8] Walter R. Stahel: Dienstleistungen mit Hilfe langlebiger Produkte. In: Ernst U. v. Weizsäcker (Hg.): Ökoeffizienz. Management der Zukunft. Berlin u.a.: Birkhäuser, 1999, S. 185
[9] Lehner/Schmidt-Bleek (Anm. 6), S. 177

TIPP 22: Die Ambivalenz des Güterreichtums

Kaufen Sie nur Dinge, die Sie wirklich brauchen. Und bedenken Sie: Weniger kann mehr sein.

Die nordamerikanischen Navaho-Indianer kamen in ihrem Leben noch mit 236 Gegenständen aus, für die sie eigene Begriffe schufen. Wir dagegen umgeben uns heute mit einer Warenwelt, die mehr als hunderttausend Gegenstände zählt. Umdenken ist angesagt.[1]

Noch ist ein Ende des Angebots an immer neuen Gerätschaften nicht in Sicht. Nun geht es nicht darum, auf das Niveau der Navaho-Indianer zurückzukehren. Doch nachhaltiger Güterkonsum ist mehr als das Achten auf möglichst umweltverträglich hergestellte Produkte, sondern immer auch ein Gebot der Beschränkung.

Die erste Frage vor jeder ***Kaufentscheidung*** sollte daher lauten: Brauche ich das wirklich? Was sind die Motive für den Kaufwunsch? Welchen Nutzen verspricht mir das gewünschte Konsumgut. Denn: Für jedes Gerät, das ich anschaffe, wurde Natur verbraucht und es wird irgendwann einmal auch zu Abfall *(s. Tipp 21)*. Die Mengeneffekte haben – dies lässt sich an vielen Bereichen von der Automobilität über den Konsum bis hin zum Freizeitverhalten zeigen – häufig die durch bessere Effizienz erzielten Einspareffekte wieder zunichte gemacht.[2]

Die Mengeneffekte sind insbesondere eine Frage der ***gestiegenen Kaufkraft***. Dass – wie ein österreichischer Sozialbericht ausweist – über 300.000 Menschen in Österreich als arm (Pro-Kopf-Monatseinkommen unter 8000 Schilling / 580 Euro) eingestuft werden müssen[3], ist skandalös. Es darf aber nicht darüber hinwegtäuschen, dass die Mehrzahl der ÖsterreicherInnen nie über soviel Kaufkraft verfügt hat wie heute. Der private Jahreskonsum je EinwohnerIn ist von 35.000 Schilling (ca. 2500 Euro) im Jahr 1956 auf 110.000 Schilling (ca. 8000 Euro) im Jahr 1992 gestiegen (real zu Preisen von 1983), was mehr als einer Verdreifachung innerhalb von gut drei Jahrzehnten entspricht. Ein Trend, der – trotz „Sparpaketen" – weitgehend anhält.[4]

Interessant ist die veränderte ***Zusammensetzung des Konsums***: Wurden 1955 noch drei Viertel des verfügbaren Einkommens zur Deckung der Grundbedürfnisse (Ernährung, Wohnung, Kleidung) verwendet und nur ein Viertel für Freizeit, Bildung, Verkehr und Reisen, so standen für letzteren Bereich 1992 bereits an die 50 Prozent des Einkommens zur Verfügung. Der Anteil der Konsumausgaben für Ernährung ist von 50 Prozent (1955) auf knapp 20 Prozent (1992) gesunken. Der Anteil für Bekleidung ist relativ (natürlich nicht absolut) zurückgegangen, jener für Wohnen bedingt durch gestiegene Wohnansprüche etwa um die Hälfte gewachsen. Die Kaufkraftzunahme verdeutlichen auch folgende Beispiele: Erhielt man 1955 für den durchschnittlichen Monatslohn eines Arbeitnehmers 48 Kilogramm Schweinefleisch bzw. 317 Liter Bier oder 1,3 Stück Herrenanzüge, so waren es 1992 157 Kilogramm Schweinefleisch, 1064 Liter Bier bzw. 5,5 Stück Herrenanzüge.[5]

Lebensqualität und Güterreichtum: Der gestiegene materielle Wohlstand hat dem Leben zweifelsohne viele Erleichterungen und Annehmlichkeiten beschert. Das Konsumwachstum hat

Nachhaltiger Güterkonsum ist mehr als das Achten auf möglichst umweltverträglich hergestellte Produkte, sondern immer auch ein Gebot der Beschränkung.

Erhielt man 1955 für den durchschnittlichen Monatslohn eines Arbeitnehmers 48 Kilogramm Schweinefleisch bzw. 317 Liter Bier oder 1,3 Stück Herrenanzüge, so waren es 1992 bereits 157 Kilogramm Schweinefleisch, 1064 Liter Bier bzw. 5,5 Stück Herrenanzüge.

Die Kunst des Lebens. In allen Traditionen, in denen über Lebenskunst nachgedacht wird, in unseren wie in jenen des Ostens, geht es immer um das Prinzip der Einfachheit. Der Gegenpart zum einfachen Lebensstil ist dabei nicht das üppige, das verschwenderische, sondern das zerfaserte Leben. Wer nicht einfach lebt, der verzettelt seine Energien, verstreut seine Aufmerksamkeit. Er hat mehr Leerlauf und mehr Schrott. Natürlich wird es darauf ankommen, Einfachheit nicht als Moral, sondern als eine Frage der Lebenskunst zu begreifen, ganz parallel zur normalen Kunst. Musik bedeutet nicht, möglichst viele Töne zu benutzen, sondern einen bestimmten Satz an Tönen in einer gelungenen Gestalt zum Klingen zu bringen. Malerei bedeutet nicht, ein Maximum an Farben zu verwenden, sondern einen bestimmten Satz von Farben treffend zu einem Bild zu formen. Dasselbe gilt für die Lebenskunst: Es geht darum, einen bestimmten Satz an materiellen Gütern gelungen einzusetzen. Irgendwie gibt es also einen untergründigen Zusammenhang zwischen Genügsamkeit und Genuss, denn es braucht die Konzentration, den treffenden Umgang mit den Dingen und dem Leben. Das zu realisieren, was ich wirklich möchte, ist nur möglich, wenn es einem gelingt, sein eigenes Lebensprofil herauszuschälen. *(Wolfgang Sachs, in: Nachhaltig – aber wie? s. Anm. 2)*

Zusätzliche Möbelstücke verstellen nicht nur Platz, sondern müssen auch abgestaubt, neue Geräte nicht nur gekauft, sondern auch gebraucht und gewartet werden.

aber auch Schattenseiten. Zu viele Dinge können auch belasten und unfrei machen. Hat man viele Besitzstücke, braucht man eine große Wohnung, für die man wiederum viele Möbel kauft und die entsprechende Menge an Heizmaterial. Eine größere Wohnung bedeutet aber nicht nur mehr Kosten, sondern auch mehr Arbeit. Zusätzliche Möbelstücke verstellen nicht nur Platz, sondern müssen auch abgestaubt werden. Neue Geräte müssen nicht nur gekauft, sondern auch gebraucht und gewartet werden. Was wir vom vor lauter Spielsachen überquillenden Kinderzimmer kennen, gilt nicht weniger für die vielen Freizeitgeräte für uns Erwachsene, die alle bedient werden wollen – vom Hometrainer bis zur privaten Videoschneideanlage.

In diesem Sinne ist weniger nicht nur umweltverträglicher, sondern bedeutet häufig auch ***mehr Lebensqualität***. Zudem verlieren wir in der Wegwerfgesellschaft den Bezug zu den Dingen. Ein Beispiel ist die Armbanduhr. War diese früher ein besonderes Geschenk, das Kinder meist zur Firmung erhielten und als etwas sehr Wertvolles galt - auch Ausdruck für gewachsene Autonomie des Kindes -, so gibt es heute Billigstuhren, die kaum ein, zwei Jahre halten, bei denen Reparaturen nicht nur nicht mehr rentabel, sondern meist auch gar nicht mehr möglich sind.

Es geht also um ***bewussten Konsum***, um den wohl dosierten Erwerb von Dingen, die wertvoll sind im doppelten Sinne: dass sie lange halten und dass sie den Aufbau einer Beziehung ermöglichen. Es geht darum, uns mit Gegenständen zu umgeben, mit denen wir wieder „Freund" werden können.

---

[1] Arne Andersen: Der Traum vom guten Leben. Alltags- und Konsumgeschichte vom Wirtschaftswunder bis heute. Frankfurt/M: Campus, 1999. S. 6
[2] Vgl. Wolfgang Sachs: Genügsamkeit und Genuss. Nachhaltige Lebensstile und die Macht der KonsumentInnen. In: Hans Holzinger (Hg): Nachhaltig – aber wie? Wege zur Zukunftsfähigkeit. JBZ: Salzburg, 1999.
[3] Zit. n. Salzburger Nachrichten 30.3.2000
[4] Alle Zahlen: Die Entwicklung Österreichs seit 1945. Hg. von der Bank-Austria, o.J.
[5] ebd.

TIPP 23: Solidarität in der Einen Welt

Nachhaltigkeit ist auch eine Frage der Gerechtigkeit. Spenden Sie ein Prozent Ihres Einkommens für sinnvolle Projekte der Entwicklungszusammenarbeit.

Die meisten Umweltprobleme werden durch Konsum und den damit verbundenen Ressourcenverbrauch verursacht *(s. Tipp 21)*. So ist Umweltschutz vor allem eine Frage des Lebensstils. Ein in einem Industriestaat lebender Mensch konsumiert im Laufe seines Lebens im Durchschnitt mehr Güter und verschmutzt die Umwelt stärker als es 30 bis 50 Menschen in ärmeren Ländern tun. Wir hinterlassen auf diese Weise unseren ökologischen Fußabdruck in aller Welt. Eine Angleichung der Konsumniveaus ist aber nur möglich, wenn wir in den reichen Ländern zurückstecken.

Der ***weltweite Konsum*** erreichte 1998 nach Ermittlungen des Entwicklungsprogramms der Vereinten Nationen 24 Billionen US-Dollar. Dies bedeutet eine Verdoppelung der Konsumausgaben gegenüber 1977. Dieser Konsum ist weltweit jedoch höchst ungleich verteilt: Das reichste Fünftel der Weltbevölkerung tätigt über 4/5 der Konsumausgaben, die ärmsten 20 Prozent kommen auf nur 1,3 Prozent.[1]

Auch der private ***Energieverbrauch*** ist höchst ungleich verteilt: So wird in den Industrieländern etwa 40 mal soviel Benzin verfahren als in Afrika (südlich der Sahara) und immerhin noch 8 mal soviel wie in Lateinamerika. Der Energieverbrauch eines durchschnittlichen Haushaltes in einem Industrieland liegt beim 35-fachen von jenem eines afrikanischen und dem 10-fachen eines lateinamerikanischen Haushaltes (Bezugsjahr 1995).[2]

Daraus ergibt sich auch ein sehr unterschiedlicher ***„Beitrag" zur Klimaerwärmung:*** Während ein US-Amerikaner etwa 20 Tonnen CO_2 jährlich emittiert, ein Deutscher 11 Tonnen und ein Schweizer oder Österreicher etwa 5-6 Tonnen, verursacht jeder der fast 1 Milliarden Inder weniger als 1 Tonne jährlich.[3]

Ökologischer Fußabdruck: Mit dem Konzept des „ökologischen Fußabdrucks" wurde versucht, die wirtschaftlichen Aktivitäten sowie die Konsumausgaben einzelner Länder in den Verbrauch von fruchtbarem Land (Umweltraum) umzurechnen. Neben den Flächen, die für Bauten und Infrastrukturen sowie für Ernährung verbraucht werden, ist dabei auch der indirekte Umweltraum berücksichtigt, etwa jene Flächen, die notwendig wären, um unseren Ausstoß an CO_2 durch Waldpflanzungen oder Biomasse wettzumachen.

Die Ergebnisse waren nicht überraschend: So beträgt der Fußabdruck jedes US-Amerikaners 7,9 Hektar, jener eines Kanadiers 6,6 Hektar. Deutsche, Schweizer- und ÖsterreicherInnen liegen bei 4-5 Hektar. Der ökologische Fußabdruck des Inders liegt jedoch nur bei 0,59 Hektar. Bezogen auf das lokal vorhandene biologisch fruchtbare Land wird aber in allen Ländern, auch in Indien die Natur übernutzt. (Eine Ausnahme in der Untersuchung war Kanada, das über große unberührte Landflächen verfügt). Führt in den Industrieländern der Konsumdruck zur Übernutzung der Naturressourcen, so wirkt in den Ländern des Südens der Bevölkerungsdruck auf die Tragfähigkeitsgrenzen der Natur.[4]

Wir leben ökologisch gesehen auf Pump: Diese Lage verschärft sich durch den Umstand, dass unser gegenwärtiger

Ein in einem Industriestaat lebender Mensch konsumiert im Laufe seines Lebens im Durchschnitt mehr Güter und verschmutzt die Umwelt stärker als es 30 bis 50 Menschen in ärmeren Ländern tun.

Das reichste Fünftel der Weltbevölkerung tätigt über vier Fünftel der Konsumausgaben, die ärmsten 20 Prozent kommen auf nur 1,3 Prozent.

Eine Weltgesellschaft der sich annähernden Konsumniveaus wird nicht nur effizientere Technologien und den Abschied von der Fossilwirtschaft sowie den gleitenden Übergang zur Solarwirtschaft erfordern, sondern auch eine Zurücknahme der überzogenen Konsumansprüche in den Ländern des Nordens.

Lebensstil nicht das Vorrecht einer kleinen Minderheit der Weltbevölkerung bleiben wird. Die neuen Medien und Kommunikationsmittel bewirken, dass alle Menschen sehen können, in welchem materiellen Reichtum wir leben. Die ökonomische Globalisierung führt zudem zu Differenzierungen innerhalb der Dritten Welt: Indische Software-Spezialisten sind mittlerweile weltweit gefragt. Die Belegschaften der koreanischen oder brasilianischen Automobilindustrie haben sich gewerkschaftlich organisiert und bilden eine gegenüber den Landarbeitern oder städtischen Slumbewohnern deutlich besser gestellte Bevölkerungsgruppe.

Eine ***Weltgesellschaft*** der sich annähernden Konsumniveaus wird nicht nur effizientere Technologien und den Abschied von der Fossilwirtschaft (seriöse Prognosen gehen davon aus, dass die Ölquellen in 40-60 Jahren versiegen werden[5]) sowie den gleitenden Übergang zur Solarwirtschaft[6] erfordern, sondern auch eine Zurücknahme der überzogenen Konsumansprüche in den Ländern des Nordens.

Die Herausbildung ***gerechterer weltwirtschaftlicher Strukturen*** ist das große historische Projekt des 21. Jahrhunderts und erfordert das Zusammenwirken mehrerer Faktoren: Aufzeigen von Unrecht und Entwicklungsperspektiven durch Nichtregierungsorganisationen, Ausweitung der Bildungsmöglichkeiten sowie der Selbstorganisierung von Land- und FabrikarbeiterInnen in den Ländern der Dritten Welt, Herausbildung regionaler Wirtschaftsräume, Ansteigen der Weltmarktpreise für Produkte aus der Dritten Welt, Entschuldung der ärmsten Länder, nicht zuletzt Abbau von Handelsbarrieren. Die Zeitschrift The Economist schätzt den Gesamtverlust der Entwicklungsländer durch Handelshemmnisse auf über 700 Milliarden US-Dollar im Jahr, eine Summe, welche die offiziellen Ausgaben für Entwicklungszusammenarbeit weit in den Schatten stellt.[7]

Persönlich können wir nur kleine, aber deswegen nicht unwichtige Schritte setzen. Etwa durch die Mitarbeit in einer Initiative, die sich für eine gerechtere Welt einsetzt, durch den Kauf fair gehandelter Produkte sowie durch eine monatliche oder jährliche Spende eines kleinen Teils meiner Kaufkraft für sinnvolle Projekte der Entwicklungszusammenarbeit.

Nachhaltig leben in einem Hochkonsumland bedeutet auch, das ***Konsumniveau freiwillig zu senken.*** Unterhalb der eigenen ökonomischen Möglichkeiten zu leben, also etwa bewusst die eigene Erwerbsarbeitszeit zu reduzieren, um dafür mehr Zeit für Familie, Freunde und Muße zu gewinnen - darin liegen Pionierleistungen für ein ökologisches neues Jahrhundert, die - von Einzelnen „vorgelebt" - zu einem Wertewandel und einer neuen Sicht von Wohlstand und Lebensqualität führen werden. Denn häufig gilt: Weniger ist mehr *(s. Tipp 22).*

---

[1] Alle Zahlen nach UNDP, zit. in: Globale Trends 2000. Frankfurt: Fischer, 1999, S. 274f
[2] ebd., S. 275
[3] Mathis Wackernagel, William Rees: Unser ökologischer Fußabdruck. Berlin u.a.: Birkhäuser, 1997.
[4] Ebd.
[5] Prognose n. World Mining Data, zit. n. Österreichs Wirtschaft 2000. Österreichisches Gesellschafts- und Wirtschaftsmuseum. Wien 1999.
[6] Hermann Scheer: Solare Weltwirtschaft. Kunstmann, 1999.
[7] Zit. n. Südwind. Magazin für internationale Politik, Kultur und Entwicklung, 7+8/2002, S. 10.

TIPP 24: Reisen statt rasen

Urlaub soll entspannen und den Alltag einmal vergessen lassen. Dies hängt nicht davon ab, wie viele Kilometer Sie vorher von zu Hause weggeflogen sind. Es geht um Fernreisen in wohldosierter Qualität und die Wiederentdeckung der Nähe.

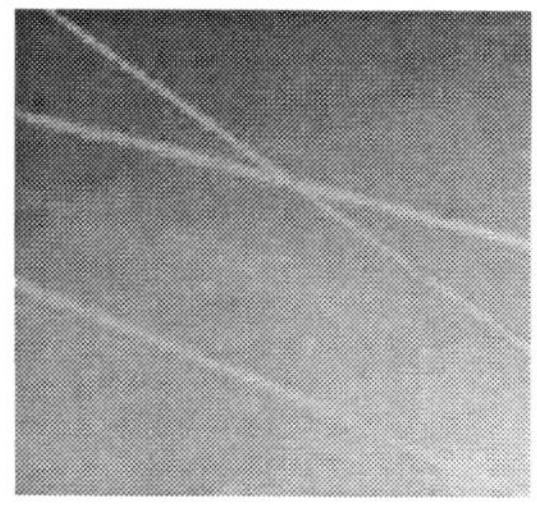

60 Prozent der Passagier-Kilometer entfallen derzeit auf den Fernflugverkehr, zwei Drittel der Passagiere sind inzwischen Touristen.

Der Tourismus gilt als einer der größten Wirtschaftszweige der Zukunft. Doch wie er sich entwickelt, ist alles andere als ökologisch. Gereist wird an immer entferntere Ziele, dies immer öfter und für immer kürzere Zeiten.[1] Der Ferntourismus bringt den bereisten Ländern zwar Devisen, birgt in seiner gegenwärtigen Ausprägung neben sozialen und kulturellen aber auch enorme ökologische Probleme. Eines davon ist das rapide Anwachsen des Flugverkehrs.

Der Weltluftverkehr hat sich bereits zwischen 1960 und 1990 mehr als verzehnfacht. Für 1997 geben die Luftverkehrsgesellschaften 1,5 Milliarden Passagiere bzw. 2.570 Milliarden geflogene Passagierkilometer an. Bis zum Jahr 2017 werden jährliche Wachstumsraten von 5 Prozent erwartet. 60 Prozent der Passagier-Kilometer entfallen derzeit auf den Fernflugverkehr, zwei Drittel der Passagiere sind inzwischen Touristen.[2]

Dabei weist der Luftverkehr ein deutliches ***Nord-Süd-Ungleichgewicht*** auf. Die am häufigsten genutzten Luftkorridore befinden sich in den mittleren Breiten über Nordamerika, dem Nordatlantik und Europa sowie im pazifischen Raum. 90 Prozent der Flugzeugemissionen entstehen daher in der nördlichen Erdhemisphäre; über zwei Drittel zwischen 30 und 60 Grad nördlicher Breite.[3]

Durch eine ***Verbesserung der Motoren*** konnte der Treibstoffverbrauch der Maschinen zwischen 1960 und 1990 zwar halbiert werden. Wegen der rasanten Zunahme des Weltflugverkehrs stieg der absolute Energieverbrauch in den vergangenen 20 Jahren jedoch um weitere 50 Prozent an. Ein klassisches Beispiel dafür, wie Effizienzgewinne durch die Mengeneffekte aufgesogen werden.[4]

Warum ist der Anstieg des Flugverkehrs so bedenklich? Bereits 1996 wurden im zivilen Luftverkehr weltweit 180 Millionen Tonnen Kerosin - das sind 5-6 Prozent des gesamten Verbrauchs fossiler Energie - „verflogen". Die Tendenz zeigt weiterhin nach oben.[5] Bei der Verbrennung des Kerosin entstehen Kohlendioxid, Wasserdampf, Stickoxide, Kohlenmonoxid, unverbrannte Kohlenwasserstoffe, Russpartikel und Schwefeldioxid. In den üblichen Flughöhen von neun bis zwölf Kilometern sind diese Emissionen in besonderem Maße klimawirksam. Aufgrund der extrem niedrigen Temperaturen steigt die Verweildauer der Gase beträchtlich an. Der geringe Anteil natürlicher Spurengase führt zu besonders wirksamen Konzentrationserhöhungen.[6]

99 Prozent der ***Flugemissionen*** entfallen auf das Treibhausgas CO_2 sowie den ebenfalls treibhauswirksamen Wasserdampf, der die Kondensstreifen hinter den Triebwerken der Flugzeuge bildet.

Der Verkehrsexperte *Karl Otto Schallaböck* geht wegen der höheren Wirksamkeit der Treibhausemissionen in höheren Luftschichten davon aus, dass die Klimabelastung der Urlaubsreise eines Paares in die Karibik eine ähnliche Größenordnung erreicht wie der Verbrauch von 6000 Liter Benzin im PKW, was rund 100.000 gefahrenen Kilometern entspricht.[7]

Politisch wird sich die wegen des Treibhauseffektes notwendige drastische Reduzierung des Flugverkehrswachstums nur durch die Einrechnung der zu

CO_2-Emmissionen des Flugverkehrs: Nach Berechnungen des Öko-Instituts Freiburg verursachen Fernreisen etwa das dreifache an CO_2-Emmissionen wie Flüge ans Mittelmeer. Für das Jahr 2015 wird unter Berücksichtigung der absehbaren technischen Effizienzgewinne und einer angenommenen Steigerung der Reisen zu Mittelmeerzielen von 3% und für Fernziele (z.B. USA) von 5% eine absolute Zunahme der jährlichen Treibhausgasemmissionen von rund 35% (Mittelmeer) bzw. 85% (Fernreisen) gegenüber 1998 erwartet. *(Last Minute für den Umweltschutz. Perspektiven für die Zukunft des Reisens. 2001)*
Kurzflüge sind ebenfalls problematisch: Nach Angaben von Greenpeace Deutschland entspricht der Energieverbrauch bei Langstreckenstreckenflügen in etwa jenem des Autos und liegt bei 6 Liter Dieseläquivalent pro 100 Passagierkilometer (Der Wert für den Zug wird mit 2 Liter angegeben.) Der Unterschied liegt natürlich darin, dass mit dem Flugzeug viel weitere Distanzen zurückgelegt werden. Die schlechteste Energiebilanz weisen Kurzflüge auf. Der Grund liegt in den energieintensiven Startphasen und der geringen Sitzplatzauslastung. Greenpeace gibt für einen 500 Kilometerflug über 10 Liter Dieseläquivalent pro 100 Passagierkilometer an. *(n. Petra Stephan, s. Anm. 2)*

Persönlich können wir durch ein bewusstes Reisen dazu beitragen, uns am Wahnsinn des weltweiten Herumfliegens nicht zu beteiligen.

erwartenden ökologischen Schäden in die Preise, das heißt die ***Besteuerung des Kerosins*** erreichen lassen. Diese scheitert bislang an der mangelnden internationalen Kooperation, denn einzelne Länder oder Ländergruppen wie die EU wollen aus Wettbewerbsgründen nicht vorangehen.

Persönlich können wir aber durch ein bewusstes Reisen dazu beitragen, uns am Wahnsinn des weltweiten Herumfliegens nicht (oder nur sehr eingeschränkt) zu beteiligen. Wer auf das Fliegen nicht zur Gänze verzichten will, soll seine Urlaube zumindest so planen, dass Fernreisen wohldosiert und nur für längere Aufenthalte gewählt werden und auch nicht zur Selbstverständlichkeit für jedes Jahr werden (Urlaub lässt sich auch in der Nahregion genießen). Ausgehend vom durchschnittlichen Verbrauch von 5 Liter Flugbenzin pro Flugpassagier auf 100 Kilometer können Sie den CO_2-Emissionsbeitrag (2,5 kg/Liter Flugbenzin) für den eigenen Urlaubsflug sehr einfach errechnen. Kürzere Reiseziele etwa innerhalb Europas lassen sich mit Zügen bequem erreichen. Hierunter fallen auch Geschäftsreisen. Das häufig vorgebrachte Argument, dass das Flugzeug sowieso fliegt, auch wenn ich nicht mitfliege, reicht zu kurz. Das Angebot richtet sich nach der Nachfrage. Das gilt auch im Flugverkehr. Wenn mehr Menschen vom angepriesenen Ferntourismus, der meist nichts mit der Begegnung mit anderen Kulturen zu tun hat, Abstand nehmen, so müssen die Fluggesellschaften das Angebot reduzieren.

Neue Arbeitszeitmodelle – etwa Sabaticals *(s. Tipp 25)* – machen für die Zukunft auch neue Formen des Weltreisen vorstellbar, die ein wirkliches ***Eintauchen in andere Kulturen*** ermöglichen. Wer über mehrere Jahre hinweg Zeit anspart, um dann etwa ein halbes Jahr einen anderen Kontinent zu bereisen, mag vielleicht auch Geschmack daran finden, dies mit einem Ozeandampfer zu tun. Internationale Austauschprogramme, die Beteiligung in einem Projekt der Entwicklungszusammenarbeit oder das In-Anspruchnehmen alternativer Urlaubsangebote gelten als sinnvolle Alternativen zu den ökologisch und sozial bedenklichen Ferntourismusangeboten der Reisebüros.[8]

---

[1] Jan Pearson (Hg.): Der Fischer Atlas Zukunft. Frankfurt/M.: Fischer, 1998, S. 68
[2] Petra Stephan: Tourismus und Nachhaltigkeit. In: Globale Trends 2000. Frankfurt: Fischer, 1999. S. 358ff
[3] Ady Köhn: Flugverkehr und Klima – Das Ende der Fernreise?. In: Dokumentation Ferntourismus – grenzenlos. 1997. S. 33
[4] ebd. S. 29f
[5] Die Verunsicherung vieler Menschen durch die Terroranschläge in New York und Washington im Jahr 2001 wird wohl nur kurzfristig den Trend umkehren.
[6] Stephan (s. Anm. 2) S. 259
[7] Rudolf Schallaböck: Vom Tapetenwechsel zum Klimawandel. VCÖ-Magazin 2/2000, S.6f
[8] Vorschläge für alternative Reisemöglichkeiten s. Dan Jakubovicz: Genuss und Nachhaltigkeit. Wien: Promedia, 2000. S. 87

TIPP 25: Sozial nachhaltig und fair

Arbeit und Einkommen gerecht verteilen. Lieber mehr Zeit haben als noch mehr Geld. Neue Wohlstandsbilder attraktiv vermitteln.

Eine sozial nachhaltige Gesellschaft bedeutet eine gerechte Verteilung des erwirtschafteten Wohlstands, wobei vorhandene Einkommensunterschiede nie zu groß sein dürfen und einer offenen Debatte („Was ist angemessener Reichtum?“) unterliegen müssen. Eine sozial nachhaltige Gesellschaft ist aber noch mehr. Sie bietet allen Mitgliedern die Möglichkeit, sich an der Erwirtschaftung dieses Wohlstandes zu beteiligen, ihre Fähigkeiten und Fertigkeiten einzubringen und auch weiterzuentwickeln („Chancengleichheit“). Sie nimmt das Streben aller Menschen nach Anerkennung ernst und sieht diese in ihrer Vielfalt an Bedürfnissen, Sehnsüchten und Wünschen, die weit über die ökonomische Sphäre hinausgehen.

Trotz eines historisch einmaligen materiellen Reichtums in allen OECD-Staaten gelingt diese sozial nachhaltige Gesellschaft – so scheint es - immer weniger. ***Ellbogenmentalität*** und Konkurrenzverhalten, einseitige Leistungserwartungen, die zu Versagensängsten und Aggressionen führen, Ausgrenzungstendenzen und Entsolidarisierung, Entertainisierung und Entpolitisierung kennzeichnen die aktuellen Entwicklungen.[1] Und auch die soziale Verteilung des Reichtums in den Wohlstandsländern scheint immer schwerer zu fallen. 11 Prozent der Menschen in Österreich werden als armutsgefährdet eingestuft.[2]

Die Weichenstellungen in Richtung einer ***postmateriellen Gesellschaft*** wollen nicht recht gelingen. Das Wachstumsparadigma der Aufbaujahrzehnte hält uns noch zu sehr gefangen. Dabei wird geflissentlich übersehen, dass das Bruttosozialprodukt nicht mehr allein als Wohlstandsindikator gelten kann. Der Index for Sustainable Economical Welfare (ISEW), der Defensivkosten wie umweltbedingte Krankheitsausgaben, Unfallfolgekosten oder Folgekosten der Klimaerwärmung berücksichtigt, hat sich in den Wohlstandsländern mittlerweile vom Bruttosozialprodukt abgekoppelt und stagniert.[3]

So kommt es zu ***Paradoxien***: Während mit über 3 Millionen Beschäftigten in Österreich noch nie so viele Menschen einer Erwerbsarbeit nachgingen wie heute, bleibt die Arbeitslosigkeit mit an die 200.000 Arbeitssuchenden seit Ende der 80er Jahre ebenfalls konstant hoch. Obwohl es notwendige Arbeit gäbe – etwa im Sozial- und Kulturbereich, aber auch im Umweltsektor (ökologische Landwirtschaft, erneuerbare Energien) - , kann sie nicht geleistet werden, weil sie sich zu wenig rechnet. Die Beschäftigungsquote ist in Österreich im Vergleich zu anderen EU-Ländern (noch) relativ niedrig. Während bei uns etwa sieben von zehn Personen im erwerbsfähigen Alter in Arbeit stehen, sind es in Schweden an die acht. Hohe Beschäftigungsquoten werden jedoch als bester Garant für die Sicherung der sozialen Netze angesehen.[4]

Im Sinne einer nachhaltigen Gesellschaft sind ***neue Rahmenbedingungen*** erforderlich. Es geht um die Besteuerung („Bestrafung“) des Verbrauchs ökologischer Ressourcen und eine Entlastung sozial und ökologisch gewünschter Entwicklungen – dies würde auch alte Arbeitsfelder wie das Warten und Reparieren von Geräten wieder rentabel machen

Eine sozial nachhaltige Gesellschaft nimmt das Streben aller Menschen nach Anerkennung ernst und sieht diese in ihrer Vielfalt an Bedürfnissen, Sehnsüchten und Wünschen, die weit über die ökonomische Sphäre hinausgehen.

Während mit über drei Millionen Beschäftigten in Österreich noch nie so viele Menschen einer Erwerbsarbeit nachgingen wie heute, bleibt die Arbeitslosigkeit mit an die 200.000 Arbeitssuchenden seit Ende der 80er Jahre ebenfalls konstant hoch.

Die Konsum- und Freizeitgesellschaft suggeriert uns, dass unsere materiellen Bedürfnisse unbegrenzt seien, wir daher nie genug Geld haben könnten. Aus der Zufriedenheits- und Glücksforschung wissen wir aber, dass viele Bedürfnisse nicht materiell befriedigbar sind - etwa Anerkennung, Geachtet-Werden, Liebe, soziale Zuneigung. Die Konsumforschung behauptet vielmehr, dass materieller Konsum häufig zum Ersatz für diese immateriellen Bedürfnisse verkommt. Und da diese so nicht gestillt werden können, erscheint der Konsumhunger unersättlich *(s. Tipp 21).*

Eine faire Verteilung der Einkommen wie der Arbeit sowie attraktive Wohlstandsbilder, die auf mehr Zeithaben statt auf noch mehr Geldverdienen setzen, schaffen neue Spielräume für eine ökologisch und sozial nachhaltige Entwicklung.

und neue im Kultur- und Sozialbereich schaffen. Und es geht um eine neue Sicht der Arbeitsgesellschaft, konkret um neue Regeln zur Verteilung von Arbeit und Einkommen in einer Wirtschaft, die nicht permanent weiterwachsen kann, in der aber auch zukünftig unsere sozialen Sicherungssysteme funktionieren. Die sozialökologische Steuerreform wird seit vielen Jahren diskutiert und in manchen EU-Ländern (etwa Skandinavien und Niederlande) ansatzweise auch umgesetzt. In Österreich sind wir weit davon entfernt.[5]

Der Abbau von Überstunden, weitere Arbeitszeitverkürzungen, Beteiligung der ArbeitnehmerInnen an den Gewinnen durch „Zeitguthaben", neue flexible Arbeitszeitmodelle (Karenzen, Sabbaticals) sowie die Forcierung attraktiver Teilzeitmodelle (soziale Absicherung, Akzeptanz in den Betrieben wie in der Gesellschaft) sind Stichworte hinsichtlich der besseren Aufteilung der vorhandenen Arbeit. Der Wandel ***von der Arbeits- zur Tätigkeitsgesellschaft***[6] umfasst aber noch mehr, nämlich die Aufwertung der Haus- und Eigenarbeit, neue partnerschaftliche Lösungen, die Familie und Beruf für beide ***Geschlechter*** vereinbar machen[7] sowie – und das erfordert auch eine mentale Umorientierung – die bewusste Wahl von mehr Zeit statt Geld für alle. Denn nur wenn die gutbezahlten Jobs auf mehr Menschen verteilt werden und die Arbeitslosigkeit sinkt, bestehen auch Chancen, die schlecht bezahlten Jobs (finanziell) aufzuwerten. Arbeitslosigkeit macht Gesellschaften immer repressiv. Dass Einkommensunterschiede mehr mit Gewohnheiten, Standesprivilegien und der Macht bestimmter Gruppen, eigene Interessen zu vertreten, als mit freier Marktwirtschaft zusammenhängen, zeigen etwa die skandinavischen Länder, die generell geringere Lohnspreizungen aufweisen als etwa Deutschland oder Österreich oder gar die USA.

Eine ***faire Verteilung der Einkommen*** wie der Arbeit (je höher die Beschäftigungsquoten, umso leichter sind auch die sozialen Sicherungsnetze zu garantieren) sowie attraktive Wohlstandsbilder, die auf mehr Zeithaben statt auf noch mehr Geldverdienen setzen, schaffen neue Spielräume für eine ökologisch und sozial nachhaltige Entwicklung.

Prüfen Sie, ob und wieweit Sie sich zu jenen zählen können, die auch mit etwas weniger Geld gut leben würden. Überlegen Sie, ob und wie viel finanzielle „Abstriche" Sie machen könnten? Und ob dabei nicht auch soziale Gewinne entstünden? Kennen Sie jemand, der in bewusster Wahl teilzeitbeschäftigt ist und damit gut fährt? Wie geldintensiv sind Ihre Hobbies? Bedenken Sie: Geld, das Sie nicht ausgeben, müssen Sie auch nicht verdienen.

---

[1] vgl. Thea Bauriedl: Vom Wissen zum Handeln. Wege und Widerstände. In: Hans Holzinger (Hg.): Nachhaltig - aber wie? Salzburg: JBZ, 2001 (Neuaufl.)
[2] Zit. n. Salzburger Nachrichten 30.3.2000
[3] Am Beispiel Österreich: Interdisziplinäres Institut für Umwelt und Wirtschaft: ISEW-Austria, Wien: 1995.
[4] Lothar Liß, Josef Wöss: Umbau statt Abbau. Sozialstaaten im Vergleich. Deutschland, Österreich, Schweden. Wien (u.a.): ÖGB-Verl., 1999.
[5] vgl. Carsten Krebs u.a.: Die Ökologische Steuerreform. Basel (u.a.): Birkhäuser, 1998.
[6] Vgl. Hauptsache Arbeit? Hg. v. Claudia Lenz u.a. Hamburg: VSA-Verl., 2001.
[7] Vgl. Ingrid Kurz-Scherf: Leben und Arbeiten morgen. In: Hans Holzinger (Anm. 1), S. 103ff

Hans Holzinger / Robert-Jungk-Bibliothek für Zukunftsfragen (Hg.): Nachhaltig – aber wie? Wege zur Zukunftsfähigkeit. JBZ-Verl., 2001 (Neuaufl.) 207 S. € 13,40

Nachhaltigkeit erfordert ein ganzheitliches Verständnis von Umsteuerung, das ökologische, wirtschaftliche, soziale, politische und kulturelle Aspekte umfasst. Vierzehn namhafte AutorInnen stellen sich dieser Herausforderung in Beiträgen, die im Rahmen von Veranstaltungen der Robert-Jungk-Bibliothek für Zukunftsfragen entstanden sind.

Dan Jakubovicz: Genuss und Nachhaltigkeit. Handbuch zur Veränderung des persönlichen Lebensstils. Wien: Promedia, 2002 (erw. Neuaufl.). 224 S., € 15,90

Ausgehend vom Konzept des Umweltraumes – das was jedeR verbrauchen dürfte – bietet dieses Buch eine Vielzahl von Vorschlägen und konkreten Handlungsalternativen für einen ökologischen, solidarischen und genussvollen Lebensstil. Erhältlich im Buchhandel oder direkt beim Verein SOL (0043/3356/777 222). Mehr dazu gibt es bei *www.nachhaltig.at*

Bücher sind wichtige Wegbegleiter für einen nachhaltigen, genussvollen Lebensstil. Doch wo findet man/frau das wirklich Neue und Zukunftsweisende? *Pro Zukunft,* ein Informationsdienst der Robert-Jungk-Bibliothek für Zukunftsfragen, gibt einen Überblick über aktuelle Zukunftspublikationen. Unsere Auswahlkriterien sind Tiefgang in der Analyse, Eröffnung neuer Sichtweisen und „Weltblicke" jenseits des massenmedialen Mainstream-Denkens sowie Handlungsorientierung in den Zukunftsperspektiven.

Pro Zukunft erscheint sechs Mal im Jahr, umfasst 24 Seiten und enthält jeweils einen Themenschwerpunkt. Ein kostenloses Probeexemplar bzw. ein Schnupper-Abo zum Kennenlernen sowie das Abo bestellen Sie bequem mittels umseitigem Kupon oder per E-Mail unter jungk-bibliothek@salzburg.at.